JN075211

事例と演習でよくわかる

保育内容「環境」

駒井美智子・横山文樹 編著

中央法規

はじめに

1989（平成元）年に25年ぶりに幼稚園教育要領が改訂され、自発的活動の重視、個々の個性の重視、主体性の重視という３つの視点は、領域の変更とともに、「画期的な改訂」と言われました。その後10年ごとの改訂が実施され、そうした流れのなかで、保育所保育指針も幼稚園教育要領に合わせ、10年ごとの改訂（定）を実施するようになり、同時に、「通達」から「告示」と法的拘束力をもつようになりました。また、乳幼児教育には、これまでの幼稚園、保育所というものから認定こども園という新たな保育の教育施設が加わり、幼保連携型認定こども園教育・保育要領も告示されています。

このたび、本書を刊行するにあたり、1989（平成元）年の改訂（定）から30年以上も経過した今、周囲の環境の変化に呼応した内容でなければならないという思いに至っております。特に、今回の改訂（定）では、幼稚園教育要領、保育所保育指針、幼保連携型認定こども園教育・保育要領に、共通項目として「幼児期の終わりまでに育ってほしい姿」が書き加えられました。また、周囲を取り巻く環境の変化もドラスティックです。特に、2020（令和２）年には、新型コロナウイルス感染症により乳幼児を取り巻く環境は大きな変化を余儀なくされています。

しかし、ゆるぎないものとして、子どもというのは「未来社会の構成員である」こと、「大人の保護なくては生存できない弱者である」こと、「未成熟・未発達・発達途上である」ことは明らかです。つまり、子どもの成長を担保するための保育の力、それを担う、保育者の力が不可欠であることは言うまでもありません。保育者には現在をどう生きるかの底力、今後をどうするか見通す力、計画力が必要です。「新しい生活様式」を模索される今、乳幼児教育も新しい形にチェンジしなければなりません。

乳幼児教育は当然、「寄り添いあいながら」という「触れあいの構造」のうえに成り立っていました。しかし、2011（平成23）年の東日本大震災をきっかけに「安全・管理」「緊急事態への対応」が見直され、今、新型コロナウイルスをきっかけに、「衛生管理の配慮」への意識をより強くもたなくてはならない状況にあると思っています。保育を展開するにあたって、今までの乳幼児教育の継続のうえに、「新たな日常」「新しい生活様式」のための環境が必要です。子どもを取り巻く環境を意識する事、それは現役の保育者自身と、保育の学びをしている学生へのメッセージです。

本書はこうした観点を踏まえ、それぞれの執筆者がその専門性のうえから、各章を執筆しています。

第１章から第３章までを「基礎編」とし、領域「環境」の基本的な考えを示すことに重点を置き、第４章から第12章は「実践編」として、それをより具体的な保育の姿として示しています。第13章、第14章は「応用編」とし、地域やそれぞれの園において柔軟に対応できるように示しています。また、多くの章には「事例」「演習問題」「コラム」を掲載し、保育を展開するうえで、イメージしやすいこと、自分なりに考えることを大事にしています。

乳幼児教育を学ぶための一助になれば、幸甚です。

駒井美智子・横山文樹

CONTENTS

第1章 領域「環境」の意義と課題

本章の構成

1 幼稚園教育要領、保育所保育指針、幼保連携型認定こども園教育・保育要領での「環境」の位置づけ
――「領域」と「教科」について

1）「教科」と「領域」の違い
2）「環境」を通して行われる保育・幼児教育

2 現代社会の状況から見た領域「環境」の意義

1） 環境による教育とは
2） 保育内容と環境の関連を考える

❶遊びのきっかけをつくる
❷環境の与え方
❸指導計画と環境の関連

3 領域の相互関係

1） 各領域の特徴

4 子どもを主体とする環境

1） 環境は保育者がつくるもの
2） 子どもが十分に生活でき、発達を成し遂げる環境

5 事例・演習問題

コラム

幼稚園教育要領、保育所保育指針、幼保連携型認定こども園教育・保育要領に示されている「領域」とは何かについて、学校教育における「教科」との違いを見ながら考えてみます。また、領域「環境」がどのような意義をもつのか、何をねらいとしているのかを理解していきます。本章では特に、現代社会の置かれている状況から領域「環境」の意義を捉えることにします。

1 幼稚園教育要領、保育所保育指針、幼保連携型認定こども園教育・保育要領での「環境」の位置づけ
――「領域」と「教科」について

（ 領域を考える時、学校教育における「教科」との違いを捉えることも必要です。また、5つの領域が「教科」のように一つひとつ独立したものではないとしたら、領域どうしの関係をどう考えるかという視点も大事です。 ）

1）「教科」と「領域」の違い

学校教育における「教科」との違いを明らかにしながら、領域とは何かということについて、考えていくことにします。まず、教科というのは「国語」「算数」「社会科」など9教科に分かれていて、「教える」ための内容と方法が「学問」を背景に体系化されていることが大きな特徴です。また、教える時間数やいつどこまで学ぶかが決まっています。ですから、2020（令和2）年度のように「新型コロナウイルス」のために、学校自体が休校になった場合、夏休みを短縮するなどの方法によって、時間数を確保しなければなりません。さらに、授業のなかで理解してほしい内容が明確ですから、「到達目標」がはっきりしているのです。

それに対して、「領域」は生活を通して学ぶものを指します。幼稚園教育要領、保育所保育指針、幼保連携型認定こども園教育・保育要領では、領域ごとに内容とねらいが示されていますが、それをいつどこまで学ぶかは決められていません。つまり、4歳になるまでは、このことがしっかりできていなければならないということはありません。領域は「子どもの発達を見る視点」あるいは「発達を見る窓」としてあり、一つひとつの領域が教科のように独立しているわけではありません。たとえば、「遊戯をする」という活動のなかには、「表現」するという領域も関わるし、友達と一緒に演じるという「人間関係」の領域も関わるわけです。

また、教科は学ぶ内容が決まっているのでテストなどで評価できます

が、領域はテストで点数をつけることはできません。ですから、教科が「到達目標」であるのに対して、領域は「方向目標」であると言えます。教科は決められたことを学ぶために、時には体験に即していないことが含まれます。領域は生活のなかで、気づくこと、学ぶことを重視しています。それだけ、環境を与える側の大人の役割も大きくなるのです。

2）「環境」を通して行われる保育・幼児教育

幼児教育の基本は「環境を通して行う教育」です。幼稚園教育要領、保育所保育指針、幼保連携型認定こども園教育・保育要領には以下のように記載されています。

「幼児期の教育は、生涯にわたる人格形成の基礎を培う重要なものであり、幼稚園教育は、学校教育法に規定する目的及び目標を達成するため、幼児期の特性を踏まえ、環境を通して行うものであることを基本とする」（幼稚園教育要領　第１章総則　第１　幼稚園教育の基本）

「保育所は、その目的を達成するために、保育に関する専門性を有する職員が、家庭との緊密な連携の下に、子どもの状況や発達過程を踏まえ、保育所における環境を通して、養護及び教育を一体的に行うことを特性としている」（保育所保育指針　第１章総則　１保育所保育に関する基本原則 ⑴保育所の役割　イ）

「乳幼児期全体を通してその特性及び保護者や地域の実態を踏まえ、環境を通して行うものであることを基本とし、家庭や地域での生活を含めた園児の生活全体が豊かなものとなるように努めなければならない」（幼保連携型認定こども園教育・保育要領　第１章総則　第１　幼保連携型認定こども園における教育及び保育の基本及び目標等）

これらの基本を具体的な形で実現するための視点として領域「環境」が置かれているのです。領域「環境」のキーワードは「身近な」であると思います。つまり、子どもが身近な環境と関わることを基本とし、関わった環境を生活や遊びのなかに取り入れていこうとする、「心情」「意欲」「態度」を育てることをねらいとしています。大事なことは、保育者が子どもに環境に関わらせようとするのではなく、子どもが環境にどのように関わっているのかを保育者自身が十分に把握することです。

現代社会の状況から見た領域「環境」の意義

1989（平成元）年から、今日に至るまで、現代社会の様相も変わってきています。根本的、あるいは具体的に領域「環境」が求められているのかどうかを考える必要があります。

1）環境による教育とは

1989（平成元）年の改訂以来、幼稚園教育要領の基本は「環境を通して行う教育」であることが踏襲されています。保育所保育指針、幼保連携型認定こども園教育・保育要領指針にもその方針は盛り込まれています。今の社会状況に照らして、なぜ、教育のなかで、あえて「環境による教育」が強調されるのか、そのことを考えてみたいと思います。

乳幼児教育を展開するにあたっては、いくつかの課題があります。その課題を示すものが「幼稚園教育要領解説」（2018（平成30）年）に示されています。

「家庭や地域とは異なり、幼稚園においては、教育的配慮の下に、幼児が友達と関わって活動を展開するために必要な遊具や用具、素材、十分に活動するための時間や空間はもとより、幼児が生活の流れの中で触れ合うことのできる自然や動植物などの様々な環境が用意されている」（幼稚園の生活⑶適切な環境であること）

ここに秘められている思いとは何でしょうか。2017（平成29）年度の出生率は1.44（厚生労働省　人口動態統計）であり、2015（平成27）年度以降、年間に生まれてくる子どもの数は100万人を割っています。こうした長引く少子化に加え、都市化も年々進行し、「一緒に遊ぶ友達がいない」「近所で遊ぶ場所がない」といったことが起きています。当然、幼稚園、保育所、こども園がそうした人間関係や活動の場を与える役割を果たすものとならなければなりません。

2) 保育内容と環境の関連を考える

現代の子どもの特徴として「生活力がない」「しつけができていない」「転んだ時に手が付けずに顔面を打つ」「すぐに疲れたと座り込む」など、精神面、肉体面について指摘されることが多いです。これらは、社会の変化、環境が子どもの成長・発達に大きな影響を与えていることは言うまでもありません。そこで、保育内容と環境の関連を考えるための課題を示しておきます。

❶ 遊びのきっかけをつくる

特に、自発的活動としての遊びを重視する場合、「遊びたくなる環境」「遊びを実現するための環境」が重要になります。遊びとは「経験の再現である」と言われています。経験の内容も、実際に自分が体験したこと(初めて新幹線に乗った。遠足に行ったなど)、TVで見たこと（サッカーを見た。野球を見たなど)、生活のなかで体験したこと（お母さんの料理する姿を見たなど）です。遊びの発展を予測してどのような準備をしておくか。その場でどのような援助をするかなどが課題とされます。

幼稚園教育要領解説では、「幼児は身近な環境に好奇心をもって関わるなかで、新たな発見をしたり、どうすればもっと面白くなるかを考えたりする。そして、このなかで体験したことを、更に違う形や場面で活用しようとするし、遊びに用いて新たな使い方を見付けようとする」と示されています。

❷ 環境の与え方

たとえば、最初にハサミを与えるとき、どういう場面で与えるか。あるいは、初めて楽器を与えるとき、どのような楽器をどのような場面で与えるかなどが課題とされます。

❸ 指導計画と環境の関連

予測される活動との関連で環境の構成も変わってきます。さらに、そのうえに、保育者の援助が関係してきます。その意味でも指導計画を立てるうえでも、環境は重要な要素であることを常に考えなければなりません。

3 領域の相互関係

先にも述べた通り、領域は相互に関連しあっています。そのことを、各領域の基本的な考え方を通して考えてみることとします。

1）各領域の特徴

幼稚園教育要領、保育所保育指針、幼保連携型認定こども園教育・保育要領では、健康・人間関係・環境・言葉・表現の５つの領域が置かれています。この５つの領域は「健康な心身の発達」「環境との相互作用」「感性と表現」の３つの系統によって構成されています。領域が到達目標として存在するのではなく、子どもの発達を見る視点であるとすれば、常に子どもと接する保育者の意識のなかで働かなければならないものです。

「健康」の領域がなぜ一番に置かれているのでしょうか。それは、子どもにとって、心身ともに健康な生活が基盤にあるためです。領域「健康」を基盤として、領域「環境」は生活が展開される場として位置づけられています。つまり、広く全体の領域と関連するようになっています。そこには、人的環境も物的環境も自然環境もすべて含まれています。

そうした観点から考えると領域「人間関係」も「環境」のなかに含まれることになります。しかし、「依存」から「自立」に向かう子どもにとって、「人間関係」は特に重要なので、独立した領域として置かれています。特に、人との関わりの希薄さが指摘される現代社会において領域「人間関係」は「社会性という視点からも重要です。

領域「言葉」は表現の一つとして考えることができます。言葉の獲得は乳幼児期にとって大きな特徴ですから、領域「言葉」として置かれています。領域「言語」が領域「言葉」になった理由として、言葉が「話す」「聞く」だけに留まらず、「書く」ことも含まれるからです。また、内言語としての思考・意思・判断のための手段となるのです。そうした意味でも大事な領域であると言えます。

領域「表現」は3つの視点のなかで「感性と表現」に関わるものです。特に、目に見えない部分ですので、抽象的な印象を受けますが、身体的表現・造形的表現・言語的表現などが含まれます。人として感じ取った部分を内面化して、外部に表す行動です。大学の「表現」の授業では、その授業の担当者の専門性によって、「音楽」中心だったり、「造形」中心であったりします。保育のなかでは、「つくる」「踊る」「歌う」ことの技術的な指導に偏らないようにしなければなりません。

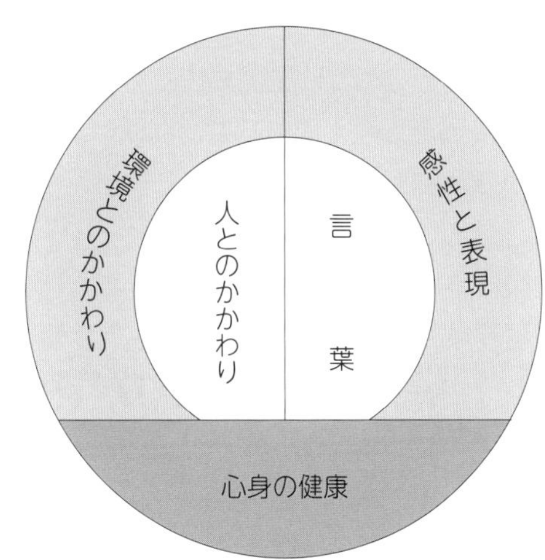

図1-1　領域相互関係

出典：岸井勇雄・横山文樹『あたらしい幼児教育課程総論』同文書院，135頁，2016年

こうして見てくると、5つの領域が相互に重なりあい、関係しあっているのがわかります。このなかで、領域「環境」は「環境を通して行う教育」を実現するための視点となるものと理解されます。

子どもを主体とする環境

環境は誰のためにあるのか。子どものためであることは当然です。しかし、時には大人の都合で環境を考えていることはないか。ここでは、子ども主体の環境とは何かという視点で考えてみます。

1）環境は保育者がつくるもの

子ども主体の環境について考えてみます。「子ども主体」と表現すると、すべてを子どもに任せるかのように思われますが、そうではありません。まず、「環境は保育者がつくるものだ」という意識をもつことが必要です。その際に留意すべき点として、子どもの発達段階を考慮しなければなりません。同じ年齢であっても、子どもには個人差があります。特に、年齢が低いほど、家庭で育ってきた影響を強く受けています。たとえば、３歳児でも、入園当初から「みんなと同じ」ということを意識し過ぎないようにすることです。時期も考慮しなければなりません。たとえば、折り紙を指導するにあたっても、今はどういう季節なのか、行事との関連はどうなのかを考える必要があります。絵本の扱い方についても同様です。

また、子どもにとって、わかりやすい環境でなければなりません。遊びのなかで、自分が使いたいと思うものがいつもの場所にあって、しかも、取り出しやすいことが必要です。さらに、環境は固定されたものではなく、生活や遊びの変化によって「つくり変える」ことが許されるものでなければなりません。自発的活動としての遊びを重視する保育であればあるほど、こうした自主性を意識した環境が必要だと思います。さらに重要なことは、子どもの目線・動線を意識した環境でなければなりません。環境をつくるとき、子どもの目線を通して、何が見えるのか、どう見えているのかを意識しなければなりません。このようなことが、「子どもを主体とした環境」と言えるでしょう。

2）子どもが十分に生活でき、発達を成し遂げる環境

中澤（1990）は「環境とは、いつも中心となる主体者であって、それを取り巻くものとして規定される。たとえばある子どもAにとってほかの子どもB、C、D、…は環境であり、ある子どもCにとってA、B、D、…が環境となる。このとき一人ひとりの子どもはほかの子どもにとって環境の要素にあたる。環境はいつも多くの要素によって成り立つものである」と述べています。環境をつくるにあたっては、そのことを意識しなければなりません。

現在、就学前の子どもは100％近くが、幼稚園、保育所、幼保連携型認定こども園などの乳幼児教育施設に通っています。したがって、いずれの施設も家庭と直結する場と考えてよいでしょう。そのためにも、子どもが十分に生活でき、発達を成し遂げる環境でなければなりません。そうした観点から園の環境を眺めたとき、たとえば、水飲み場は子どものサイズに合わせて設定されています。道具箱の位置、靴箱の位置等もそうしたことに配慮して設置されています。

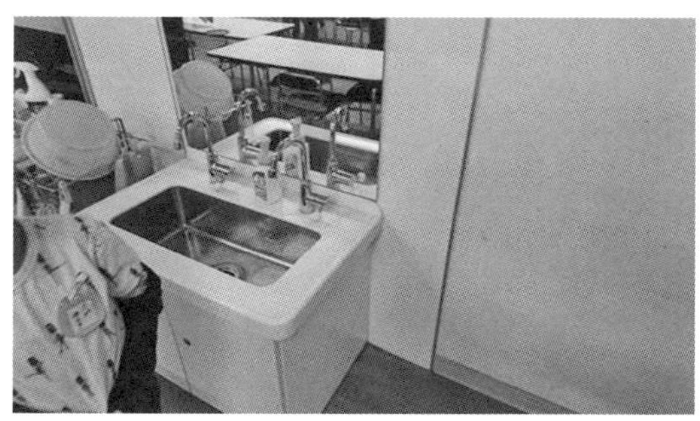

写真1-1　水飲み場

写真1-2　靴箱

5 事例
事例・演習問題

事例1　お医者さんごっこ（3歳児）

Ａ子が、ぬいぐるみを５つもっている。一つのぬいぐるみのおなかをさすって、「おなか痛いですか？」「はい薬をつけておきました」とお医者さんの真似をしている。それを見ていた保育者が、違うぬいぐるみをもって、「この子は足が痛いそうです」と言って、ぬいぐるみを渡すと、近くにあった、ブロックを足に当てて、「はい、包帯をしておきました」と言って、ぬいぐるみを返してくる。「次の方どうぞ」というので、次のぬいぐるみを渡して、「はい、この子は、熱があるみたいです」と言うと、おでこにブロックを当てて、「はい、熱が下がりました」と言ってぬいぐるみを返してきた。こうした繰り返しを楽しんでいた。途中で「この子はおなかがすいているそうです」と言うと、「それは、病院では関係ありません」と返答してきた。

解説

３歳児になるとごっこ遊びのはじまりが見られます。まだ、友達と役割を考えて遊べる段階ではないので、こうして、一人で、あるいは保育者と一緒に遊ぶことが多く見られます。

遊びをよく観察すると、足に当てるブロック、頭に当てるブロック、と色を変えているのがわかります。たとえば、包帯ではできるだけ、白に近いブロックを使っています。環境として、ぬいぐるみやブロックなど、「見立て」が起きやすい物を準備しておく必要があるでしょう。

事例2 絵本やさんごっこ（5歳児）

B男が絵本を並べて、「絵本はいりませんか」と絵本やさんを始めた。「絵本はいりませんか？」と声をかけると、C男が1冊の絵本をとって、「これください」と言うと、B男は、バーコードの音をまねて、「ピー、2000円です」と言う。するとC男は慌てて、「ちょっと待ってて」と言い、色画用紙の所に行き、お札をつくってくる。「2000」と書いたお金を渡すとB男は「ここは、カード払いだけです。お金はだめです」と言った。それを聞いたC男は、今度は、さっきの色画用紙の所に行って、カードをつくってきた。それをC男に渡すと、「ピー。これでいいです」と言って絵本をC男に渡した。

解説

現代社会を表す遊びとして興味深いものです。バーコード、カードといったところに、それが表れています。この遊びに保育者は関わっていません。遊びを近くで見守るだけでした。C男の行動のなかに、環境に関わる姿がはっきりと見えます。お金が必要と思い、色画用紙を使い、また、カードが必要と思えば、再び色画用紙を使っています。その時、保育者に「使っていいですか？」とは聞いていません。こうした、使いたいものが使いたい時に使える自由性が環境として重要です。

演習問題

園長から「掲示物についてもう少し配慮しなさい」と注意されました。どのような点に配慮して掲示したらよいでしょうか。考えてみましょう。

参考文献

- 岸井勇雄・無藤隆・湯川秀樹監、横山文樹編著『保育内容・環境 第3版』同文書院，2018年
- 岸井勇雄・横山文樹『あたらしい幼児教育課程総論』同文書院，2016年
- 中沢和子『改訂 子どもと環境』萌文書林，2003年
- 田尻由美子・無藤隆編著『保育内容子どもと環境――基本と実践事例 第2版』同文書院，2010年

資料提供

◆ 大田区若竹幼稚園

コラム

模倣からはじめよう

ある時、保育室内の環境の設定がどうしてもしっくりいかずに、悩んでいました。そこで、考えたのが「まね」からはじめようということです。隣のクラスの先生の環境構成をまねすることにしました。

まず、自分のクラスの保育室にあるもの全部を廊下に出しました。そこから隣の保育室の物の置き方と同じように並べていきました。そこまで「完成」してから、自分が今構想している保育計画を思い描いてコーナーを設定しました。全体を見渡してみるととてもすっきりした感じがしました。「この場所で子どもたちが、こういう活動をするのではないか？」という予測が見えました。そこから考えたことは、「子どもが環境に関わる」ということははじめは「まね」からはじまるということです。「環境をつくる」ことを通してそんなことを学んだ気がします。

第2章

ねらい及び内容における「環境」

本章の構成

1 「ねらい」及び「内容」の位置づけ

1）「ねらい」「内容」とは何か
2）「ねらい」「内容」の共通化
3） 3歳未満児における「ねらい」「内容」

❶乳児保育における3つの視点
❷養護と教育の一体

2 保育で育んでいきたいもの

1） 育みたい資質・能力──3つの柱
2） 幼児期の終わりまでに育ってほしい姿（10の姿）

❶健康な心と体
❷自立心
❸協同性
❹道徳性・規範意識の芽生え
❺社会生活との関わり
❻思考力の芽生え
❼自然との関わり・生命尊重
❽数量や図形、標識や文字などへの関心・感覚
❾言葉による伝え合い
❿豊かな感性と表現

3 ねらい及び内容における「環境」

1） ねらい及び内容における「環境」とは
2） 0歳～1歳未満児における「環境」
3） 1歳～3歳未満児における「環境」
4） 3歳以上児における「環境」

4 事例・演習問題

コラム

本章では幼稚園教育要領、保育所保育指針、幼保連携型認定こども園教育・保育要領における「ねらい」や「内容」とは何か、その意義や役割とともに、「ねらい」「内容」における「環境」について学んでいきます。

1 「ねらい」及び「内容」の位置づけ

保育の目標を具体化したものが「ねらい」です。「内容」はその「ねらい」を達成するために指導していく事項や子どもに体験してほしい事項を示したものです。2017（平成29）年の指針・要領の改訂（定）では、3歳以上児の「ねらい」「内容」が共通化されるとともに、乳児保育の充実が図られました。それぞれの共通点、相違点をしっかり理解しておきましょう。

1）「ねらい」「内容」とは何か

「ねらい」とは何でしょう。幼稚園教育要領（以下、要領）では「幼稚園教育において育みたい資質・能力を幼児の生活する姿から捉えたもの」とあります。また、保育所保育指針（以下、指針）でも「保育の目標をより具体化したものであり、（中略）保育を通じて育みたい資質・能力を、子どもの生活する姿から捉えたもの」と書かれています。つまり、「ねらい」とは「こんなふうに育ってほしい、こんな力を伸ばしたい」という保育の目標を、より具体的な子どもの姿として表したものです。そして、「内容」とは「ねらいを達成するために指導する事項」（要領）や、「子どもが環境に関わって経験する事項」（指針）を示したものです。「ねらい」が目標を具体化したものだとすれば、「内容」はめざす方向へ進んでいくために、出会ってほしい経験や活動をさしているといえます。

では、「ねらい」や「内容」、「育みたい資質・能力」というのは、幼稚園と保育所、幼保連携型認定こども園では異なるのでしょうか？

2）「ねらい」「内容」の共通化

これまで幼稚園は文部科学省が管轄する教育施設、保育所は厚生労働省が管轄する福祉施設[＊1]という位置づけが長らくされてきました。保育所

＊1 福祉施設
福祉施設とは各種の法律に基づいて作られた社会福祉施設のことです。児童福祉施設は、社会福祉施設の一つであり、児童福祉法に則り、児童及びその保護者らに適切な環境を提供し、養育・保護、育成等を中心として児童の福祉を図ります。児童福祉施設には保育所をはじめ乳児院、児童養護施設等の施設が規定されています。

が福祉施設であることは変わりませんが、2017（平成29）年告示の幼稚園教育要領、保育所保育指針、幼保連携型認定こども園教育・保育要領の３法令の改訂（定）によって、保育所も「幼児教育を行う施設」すなわち教育機関として位置づけられたのです。そのため、「教師」「保育士」「保育教諭」、「幼児」「子ども」「園児」等、それぞれの施設ごとに用語の使い方に多少の違いはみられるものの、幼児教育に関する記述は共通化されました。いずれの施設においても、３歳以上児については「ねらい」及び「内容」、「内容の取り扱い」が、「健康」「人間関係」「環境」「言葉」「表現」の５領域で記載されています。

さらに、今回の改訂（定）では「育みたい資質・能力」と「幼児期の終わりまでに育ってほしい姿」が３つの幼児教育機関共通のものとして示されました。幼稚園においても、保育所やこども園においても、保育のなかで育みたい資質や能力、卒園までにこんなふうに育ってほしいという子どもの姿は同一であり、同じ指標をもって日々の保育が展開されるようになったのです。

3）３歳未満児における「ねらい」「内容」

❶ 乳児保育における３つの視点

３歳未満児については「乳児保育に関わるねらい及び内容」と「１歳以上３歳未満児の保育に関わるねらい及び内容」が別途設けられ、充実が図られました。

生まれたばかりの赤ちゃんは、自分と自分以外のものが未分化な状態にあるといわれます。赤ちゃんは愛情に満ちた応答的な環境のなかで、人やものなど周囲と関わりあいながら世界を認識し、自我を発達させていきます。こうした乳児の発達を踏まえて、乳児保育においては５領域ではなく、次の３つの視点から「ねらい」「内容」が示されています。

・身体的発達に関する視点「健やかに伸び伸びと育つ」
・社会的発達に関する視点「身近な人と気持ちが通じ合う」
・精神的発達に関する視点「身近なものと関わり感性が育つ」

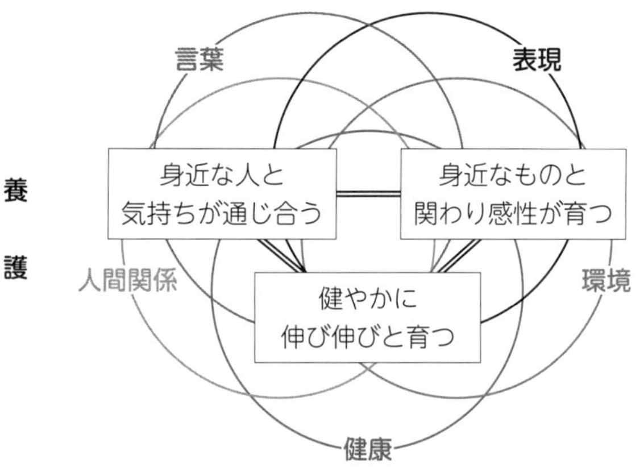

図2-1　乳児保育における３つの視点

出典：厚生労働省「保育所保育指針の改定に関する議論のとりまとめ」2016（平成28）年12月21日

この３つの要素は一つひとつ独立したものではなく、重なりあい影響しあいながら育まれていくのがわかります。たとえば、赤ちゃんが健やかに伸び伸びと育っていくためには、体と心が満たされ安定している必要があります。特定の大人から愛情深く受容され、心を通いあわせるなかで、食事や睡眠のリズムが整い、情緒が安定し、身体機能も伸びていくのです。また、図2-1で示したように、この３つの視点が５領域とまったく切り離されたものでないこともわかるでしょう。

１歳以上３歳未満児においては、「ねらい」及び「内容」は３歳以上児と同様に５領域で示されています。しかし、３歳以上児とまったく同じわけではなく、３歳未満の保育においては「養護」[*2]的側面が強くなっています。このように、乳児から幼児期の終わりまでゆるやかな連続性をもちながら、一貫して子どもの育ちを支えているのです。

＊2 養護

保育における養護とは、子どもの「生命の保持」及び「情緒の安定」を図るために保育士が行う援助や関わり全体のことをいいます。一人ひとりの子どもが心も体も健やかで、満ち足りたなかで生活できるよう、保育者は優しく温かな関わりや、信頼関係を築いていく必要があります。

❷ 養護と教育の一体

そもそも「保育」とは「保護し、教育する」からこそ「保育」なのです。「養護と教育を一体的に行う」（指針）という言い方で表現されています。保育における「養護」とは、単に子どもの世話をするというだけでなく、安全で安心な環境を整えることや、一人ひとりの子どもを主体として受け止める温かな関わりなど、「生命の保持」と「情緒の安定」という２つの側面があります。

「生命の保持」や「情緒の安定」が、保育所だけでなく、乳幼児を対象としたすべての施設において不可欠であることは言うまでもありません。

2 保育で育んでいきたいもの

ここでは、保育のなかで「育みたい資質・能力」と、「幼児期の終わりまでに育ってほしい姿」について学びます。いずれも乳幼児期に完結するものではなく、小学校以降の教育とつながっていくものです。「こんなふうに育ってほしい」という明確なイメージを共有することで、一貫した質の高い保育が可能になっていきます。

1）育みたい資質・能力――3つの柱

では、乳幼児期に「育みたい資質・能力」とはなんでしょう。「育みたい資質・能力」は次の3つになります。

①知識及び技能の基礎

②思考力、判断力、表現力等の基礎

③学びに向かう力、人間性等

「知識及び技能の基礎」とは、乳幼児に知識や技能を身につけさせましょうということではありません。遊びや生活のなかで、さまざまな経験を通して「感じたり、気付いたり、分かったり、できるようになったり」することです。たとえば、風の暖かさが季節によって違うことを感じたり、息が真っ白な朝には氷が張っていることに気付いたり、ダンゴムシは葉っぱの下の暗いところにいることを発見したり等々です。

「思考力、判断力、表現力等の基礎」とは、「気付いたことや、できるようになったことなどを使い、考えたり、試したり、工夫したり、表現したりする」ことです。園庭に氷が張っていることに気付いた子どもたちが、氷づくりに挑戦した事例があります。最初はたらいに水をいっぱい入れて外に置いてみたのですが、まったく凍りません。たらいの大きさ、水の量、温度など、子どもたちが話し合い試行錯誤しながら、ようやく氷づくりに成功したのです。遊びや生活のなかの「どうして？」「なぜ？」が、こうした力を育む土台になっているのがわかります。

３つめの「学びに向かう力、人間性等」は、あきらめずに頑張る力、意欲をもって取り組む力、他者を思いやり協力しあう力等、前向きに生きる力すなわち非認知能力[*3]といわれるものです。変化の激しい時代にあって、型通りに言われたことだけをする人間ではなく、どのような場面・状況にあっても、自ら考え柔軟に対応できる力が必要とされているのです。

＊３ 非認知能力
IQ（知能指数）やテスト等で数値化できる「認知能力」（知的な能力）に対し、点数では測れない感情や心の働きに関わる能力をいいます。保育のなかで育んでいきたい中核ともいうべき大切な力です。

これら３つの「能力・資質」は、乳幼児期だけでなく、小学校、中学校、高等学校までの教育を通して、継続して育まれていきます。小学校以降の学習指導要領においては「知識及び技能の習得」「思考力、判断力、表現力等の育成」「学びに向かう力、人間性等の涵養」を目指しています。こうした学びの連続性のなかで、乳幼児期はその基礎づくりを担っているのです。

2）幼児期の終わりまでに育ってほしい姿（10の姿）

育みたい資質や能力は、「ねらい」や「内容」に基づいた保育活動を通して総合的に育まれていきます。その小学校就学時の具体的な姿を示したものが「幼児期の終わりまでに育ってほしい姿」です。10項目に分けて示されているため「10の姿」ともいわれます。どのように育ってほしいのか、ここでは要領や指針に示された子どもの姿を簡略化してみていきます。

❶ 健康な心と体

基本的な生活習慣が身につき、自分のことは自分でできるようになります。また、遊びなど自分がやりたいと思ったことに取り組むなかで、心も体も健やかに成長し、「ごはんだから手を洗おう」「集まりだから片付けよう」など見通しをもって行動することや、みんなで一緒に考えながら「健康で安全な生活をつくり出す」ようになります。

❷ 自立心

言われて仕方なくするのではなく、自分から主体的に関わってさまざまな活動を楽しむと同時に、自分の思いを一方的に押し通すのではなく、みんなの決まりなど「しなければならないことを自覚」します。工夫したり考えたりしながら最後まであきらめずにやり遂げることで、自信をもって行動するようになります。

❸ 協同性

たとえばお店屋さんごっこをするときなど、それぞれの「やりたい」「こうしたい」がぶつかりあうことがあります。お互いの思いや考えを理解しあい、どうしたらみんなのお店屋さんがうまくいくのかを考えたり、工夫したり、協力したりしながら、実現にむけて取り組んでいきます。

❹ 道徳性・規範意識の芽生え

してよいことと、いけないことの区別がつき、決まりを守る必要性を理解します。また、ときには自分たちで考えて〈みんなのルール〉をつくりだすこともできるようになります。自分の気持ちを調整し、相手の立場に立って行動するようになります。

❺ 社会生活との関わり

家族を大切にしようとする気持ちや、地域の人々に関心や親しみをもつようになります。また、商店街、図書館、交番、公園、駅など地域の環境に関わるなかで、公共の施設を大切に利用することや、「いつも食べているお野菜はこんなふうに売られているんだ」など、生活や遊びに必要な情報を得て役立てようとするなど、地域社会とのつながりを意識するようになります。

❻ 思考力の芽生え

身近な事象に関わるなかで、物の性質や仕組みに気付いたり、「こうしたら、こうなるんじゃないか」と予想をたてて工夫したりするなど、多様な関わりを楽しむようになります。また、友だちの考えに触れるなかで、異なる考え方があることに気付き、「新しい考えを生み出す喜びを味わいながら、自分の考えをよりよいもの」にしようとします。

❼ 自然との関わり・生命尊重

自然や身近な事象へ好奇心や探究心をもって関わるなかで、自然への愛情や畏敬の念をもつようになります。また、小さな種から芽がでて花を咲かせたり、青虫がさなぎから蝶になったりなど、身近な動植物に触れ心を動かされるなかで、生命の不思議さや尊さに気付き、命あるものをいたわり、大切にする気持ちをもって関わるようになります。

❽ 数量や図形、標識や文字などへの関心・感覚

遊びや生活のなかで数量や図形、標識や文字などに親しんでいきます。たとえば、おみせやさんごっこで看板をつくったり、「クッキー3枚ください」といったやりとりを楽しむなかで、文字や数量の役割に気付いたり、使ってみたり、興味や関心、感覚をもつようになります。

❾ 言葉による伝え合い

絵本や物語に親しむなかで、豊かな言葉や表現を身につけていきます。経験したことや考えたことを、言葉で伝えたり、相手の言葉を聞いたり、言葉での伝え合いを楽しむようになります。

❿ 豊かな感性と表現

美しい物や不思議な物、心踊る出来事に出会って感性を働かせ、そこで感じたことや考えたことをさまざまな素材をつかって表現しようとします。また、表現する過程を楽しみ、表現する喜びを味わいます。

この10の姿は、「到達すべき目標ではないことや、個別に取り出されて指導されるものではないことに十分留意する必要がある」（文部科学省『幼稚園教育要領解説』2018）と述べられているように、5歳までに達成すべき到達目標ではありません。こうした方向や姿を意識して、保育を振り返り、組み立て、実践していくための方向目標だということです。遊びや友だちとの関わりのなかで習得していくものであり、子どもを「できている」「できていない」と評価するためのものでも、5歳になって急に身につくものでもないことは心にとめておきましょう。

では、これら育みたい資質・能力や、育ってほしい10の姿を念頭においたうえで、「ねらい」「内容」における「環境」についてみていきましょう。

3 ねらい及び内容における「環境」

発達段階によって「ねらい」や「内容」が示している「環境」や関わり方が異なります。それぞれの年齢で何を大切にしているのかを理解していきましょう。

1）ねらい及び内容における「環境」とは

領域「環境」では、「周囲の様々な環境に好奇心や探究心をもって関わり、それらを生活に取り入れていこうとする力を養う」と示されています。領域「環境」とは子どもにとっての「身近な環境」をさします。「ねらい」や「内容」をみていくと、子どもの発達段階によって「身近な環境」がさし示すものや、その関わり方も変化しているのがわかります。育ちの連続性が意識され、年齢ごとに身近な環境と関わる体験が広がり、深まっていくことで「育みたい資質・能力」へとつながっていきます。

では、発達段階ごとに、ねらいや内容における「環境」をみていきましょう。

2）0 歳～1 歳未満児における「環境」

前節でも述べたように、乳児保育においては 5 領域ではなく、3 つの視点から「ねらい」「内容」が示されています。領域「環境」と関わりが深いのは、精神的発達に関わる視点「身近なものと関わり感性が育つ」です。

赤ちゃんは、動く物、音のする物、光る物が好きで、じっと注目し、やがてズリバイやハイハイができるようになると、手を伸ばしてつかんだり、なめたりという探索活動をします。ここでの「環境」とは、タオルや、お皿、おもちゃやぬいぐるみ、絵本といった、赤ちゃんの生活のなかにある「身の回りの物」です。身の回りの物に興味をもって、見たり、さわったり、つまんだり、叩いたりと、自分から関わっていこうとする意欲や態度が育つことが期待されています。興味・関心をもって関わるなかで、色や形、音、手触りなどの違いを感じ、感性も育まれていきます。「身近な環境に興味や好奇心をもって関わり、感じたことや考えたことを表現する力の基盤を培う」（指針）とあるように、自分の周りにあるごく身近な物に目を向けたり、手をのばしたりする意欲や行動が、身近な環境と関わる力の育ちの第一歩なのです。

3）1歳～3歳未満児における「環境」

1歳前後になると、歩行も始まり行動範囲が飛躍的に広がっていきます。また、言葉を話し始め、自我が発達し始めます。この時期の子どもは運動機能や手指機能、認知能力の発達によって、できることが増え、「自分でやりたい」という意欲が高まり、他者とは異なる「わたし」の世界を自分の力で広げていきます。こうした発達の特徴を捉えて、この時期の子どもたちにとっての「環境」は、「身の回りの物」だけでなく、「身近な生き物」や「近隣の生活や季節の行事」までを含んだ「身近な環境」へと広がります。その「身近な環境」に親しみ、興味・関心をもって関わったりすることや、「発見を楽しんだり、考えたりしようとする」こと、「物の性質や仕組みに気付く」ことなど思考力の芽生えも期待されています。

4）3歳以上児における「環境」

3歳から6歳までの時期は、基本的生活習慣が身につき、日常生活が自立していきます。自分の世界やイメージをもって遊ぶことや、他者の気持ちの理解もできるようになり、協同遊びを楽しんだり、役割を担ったりすることもできるようになってきます。視野が広がり、予想や見通しをもった行動をとるようになります。それだけに、この時期の子どもにとっての「環境」は、学びの宝庫ともいえます。「身近な環境」も「自然」や「身近な事象」「身近な動植物」「文字や数量」「生活に関係の深い情報や施設」

「地域・社会の文化や伝統」「国旗」など、自然や物、地域・社会や文化と、より広がりをみせているのがわかります。

その身近なさまざまな環境に触れるなかで「興味や関心をもつ」ことに加え、心を動かし、「不思議だな」「どうなっているんだろう」と、性質や仕組みに関心をもったり、変化に気付いたり、発見したことや考えたことを自分なりに試行錯誤して「生活に取り入れようとする」など、より主体的で積極的な態度や意欲が育まれることが期待されています。また、動植物に「親しむ」ことから、さらに一歩進んで「生命の尊重」や自然の美しさや不思議さに心をとめることができるような子どもの姿も示されています。身近な環境に関わるなかでの「なぜ？」という探究心は、小学校以降の学びの土台となります。探究心をもって身近な環境に関わる姿や、命を尊重し慈しむ心、文化や伝統に親しむ姿は、「知識及び技能の基礎」「思考力、判断力、表現力等の基礎」「学びに向かう力、人間性等」につながっていくことがわかるでしょう。

表2-1は、それぞれの年齢ごとの「ねらい」及び「内容」を一つの表にまとめたものです。子どもの成長にともない、対象となる身近な環境が飛躍的に広がり、関わり方も経験も深くなっていきます（下線は変化部分）。こうした育ちの連続性を踏まえ、子どもたちが出会うべき時期に出会うべき体験を重ね、身近な環境に関わる力を育んでいくことができるように、保育者は配慮していく必要があります。

表2-1　それぞれの年齢ごとの「ねらい」及び「内容」

	乳児（０歳～１歳未満児）	１歳～３歳未満	３歳以上
ねらい	①　身の回りのものに親しみ、様々なものに興味や関心をもつ。 ②　見る、触れる、探索するなど、身近な環境に自分から関わろうとする。 ③　身体の諸感覚による認識が豊かになり、表情や手足、体の動き等で表現する。	①　身近な環境に親しみ、触れ合う中で、様々なものに興味や関心をもつ。 ②　様々なものに関わる中で、発見を楽しんだり、考えたりしようとする。 ③　見る、聞く、触るなどの経験を通して、感覚の働きを豊かにする。	①　身近な環境に親しみ、自然と触れ合う中で様々な事象に興味や関心をもつ。 ②　身近な環境に自分から関わり、発見を楽しんだり、考えたりし、それを生活に取り入れようとする。 ③　身近な事象を見たり、考えたり、扱ったりする中で、物の性質や数量、文字などに対する感覚を豊かにする。
内容	①　身近な生活用具、玩具や絵本などが用意された中で、身の回りのものに対する興味や好奇心をもつ。 ②　生活や遊びの中で様々なものに触れ、音、形、色、手触りなどに気付き、感覚の働きを豊かにする。 ③　保育士等と一緒に様々な色彩や形のものや絵本などを見る。 ④　玩具や身の回りのものを、つまむ、つかむ、たたく、引っ張るなど、手や指を使って遊ぶ。 ⑤　保育士等のあやし遊びに機嫌よく応じたり、歌やリズムに合わせて手足や体を動かして楽しんだりする。	①　安全で活動しやすい環境での探索活動等を通して、見る、聞く、触れる、嗅ぐ、味わうなどの感覚の働きを豊かにする。 ②　玩具、絵本、遊具などに興味をもち、それらを使った遊びを楽しむ。 ③　身の回りの物に触れる中で、形、色、大きさ、量などの物の性質や仕組みに気付く。 ④　自分の物と人の物の区別や、場所的感覚など、環境を捉える感覚が育つ。 ⑤　身近な生き物に気付き、親しみをもつ。 ⑥　近隣の生活や季節の行事などに興味や関心をもつ。	①　自然に触れて生活し、その大きさ、美しさ、不思議さなどに気付く。 ②　生活の中で、様々な物に触れ、その性質や仕組みに興味や関心をもつ。 ③　季節により自然や人間の生活に変化のあることに気付く。 ④　自然などの身近な事象に関心をもち、取り入れて遊ぶ。 ⑤　身近な動植物に親しみをもって接し、生命の尊さに気付き、いたわったり、大切にしたりする。 ⑥　日常生活の中で、我が国や地域社会における様々な文化や伝統に親しむ。 ⑦　身近な物を大切にする。 ⑧　身近な物や遊具に興味をもって関わり、自分なりに比べたり、関連付けたりしながら考えたり、試したりして工夫して遊ぶ。 ⑨　日常生活の中で数量や図形などに関心をもつ。 ⑩　日常生活の中で簡単な標識や文字などに関心をもつ。 ⑪　生活に関係の深い情報や施設などに興味や関心をもつ。 ⑫　幼稚園（保育所、こども園）内外の行事において国旗に親しむ。

4 事例 事例・演習問題

事例 「なくなっちゃった」（3歳児）

お砂場に数人が集まって大きな穴を掘っています。そこに水を入れることを思いついたＡくん。プリンカップに水を入れてきて、穴に水を入れると、たちまち砂に吸い込まれてしまいました。「なくなっちゃった」なんども繰り返しますが、なかなか水はたまりません。「こっちにしよう」と、今度は洗面器で水を運ぶことを思いつきました。水をたくさん入れた洗面器はＡくんにはかなり重く、砂場まで運ぶ途中で水もかなりこぼれてしまうのですが、それでも繰り返し、繰り返し水を運びます。ようやく水がたまりました。「池だ！　池だ！」満足そうにＡくんが言いました。

解説

この遊びのなかで、Ａくんは砂や水の感触を楽しみながら、たくさんの発見をしています。体験を通して、砂や水の性質、容器の大きさと運べる水の量の関係などに気付き、どうしたら水がたまるのか、自分で考えてプリンカップよりも大きな洗面器を使うことを思いついています。子どもが考えたり、試したり、工夫したりできるよう砂場用玩具だけでなく、といやパイプ、木片などの道具もあると遊びが広がります。

演習問題

5歳児がトマトの苗を植えました。土づくりからはじめ、苗を植え、水をあげます。毎日、プランターをみては大きくなる様子を見守っている5歳児。「花が咲いたよ！」「ちっちゃい緑の実がなった！」と、日々成長を楽しみにしてきました。いよいよ収穫です。収穫したトマトの数を手分けして数えた子どもたち。その多さに歓声があがります。収穫したトマトでケチャップづくりに挑戦しました。調理室でフライドポテトを揚げてもらい、熱々のポテトに手づくりケチャップをつけて食べます。「おいしいね」笑顔が広がりました。

・領域「環境」の「ねらい」は具体的な活動を通して総合的に指導されていきます。この5歳児の実践には、領域「環境」のどのような「内容」がみられるでしょうか。

参考文献

◆ 文部科学省『幼稚園教育要領解説』2018年
◆ 内閣府・文部科学省・厚生労働省『平成29年告示 幼稚園教育要領 保育所保育指針 幼保連携型認定こども園教育・保育要領 原本』チャイルド本社，2017年
◆ 汐見稔幸監『保育所保育指針ハンドブック 2017年告示版』学研プラス，2017年
◆ 汐見稔幸・無藤隆監、ミネルヴァ書房編集部編『〈平成30年施行〉保育所保育指針 幼稚園教育要領 幼保連携型認定こども園教育・保育要領 解説とポイント』ミネルヴァ書房，2018年
◆ 汐見稔幸・中山昌樹『10の姿で保育の質を高める本』風鳴舎，2019年

コラム

実体験と絵本がつながるとき

4月の入園時から、絵本『はらぺこあおむし』を楽しんできた3歳児。5月に、みんなでラディッシュと赤紫蘇の種をプランターに蒔きました。ある日、よく見ると葉に無数のアオムシがついています。保育者は飼育ケースに20匹ほどを集めてクラスに置いておきました。翌日には数匹がさなぎになっていました。「このアオムシがさなぎになったんだよ」と言っても、子どもたちは、きょとんとしています。「このアオムシが変身したの」と言い換えると「変身」という言葉に反応して「あ〜プリキュアになるの？」と、A子が笑顔でこたえます。どうやら絵本でアオムシがさなぎから蝶になる場面をみていても、それがすぐに実体験とはつながらないようです。

それから数日、さなぎになっていく数が増え、アオムシの数が減っていきました。最初のさなぎから約1週間後、羽化しモンシロチョウが出てきました。登園すると、ケースの中に数匹のモンシロチョウがいるのを見て「チョウチョウだ〜」と喜ぶ子どもたち。空になったさなぎを見せて、「ここから出てきたんだよ」というと「チョウチョウになったの？」と喜んでいます。改めて『はらぺこあおむし』を読むと、以前には反応がなかったさなぎの場面で「あ〜っ」と反応があがりました。最後まで読み終わると、「あれと同じだね」とクラスのアオムシの話をはじめた子どもたちでした。

ついつい絵本だけで自然体験をしたつもりや、わかったつもりになっていることはないでしょうか。このエピソードにみられるように、絵本を楽しんでいるからといって必ずしも内容を理解しているとは限りません。実際にさなぎから蝶になり、保育室に蝶が舞っているのを見たことで、はじめて「あれと同じ」と、『はらぺこあおむし』の物語が結びついたのです。豊かな実体験によって、絵本に対する共感や理解も変わってきます。

第3章 子どもの発達と環境

本章の構成

子どもにとって発達を支えている環境とは、子どもを取り巻くすべての環境です。その環境からの影響を受けながら、そして、同時に子どもからも影響を与えるなかで、相互に関わりをもちながら、その場所で、その世界で子どもは発達しています。本章では、子どもが、身のまわりのすべての環境と関わりながら、自らの五感を駆使して、積極的に外界環境と関わりをもちながら心身を発達させていく、発達と環境の関わりについて学びます。

1 子どもの学びのはじまりは胎児の時期から

子どもの発達に応じた環境を考える際には、どのような視点が必要とされるのでしょうか。事例をみながら、発達と環境について考えます。

1）子どもの発達と環境とは

ある日筆者が公園に学生を引率していたときに、小さな男の子を連れた父親から話しかけられました。父親は男の子がまだ歩けないため、ほかの子よりも発達が遅れているのではないかと心配していました。ちょうど1歳になったばかり、目の前で伝い歩きをしている男の子は、時折つかんだ手を離し、その場立ちをしています。そのたびに危ないと声をかけていました。父親に子どもがいつも過ごす家の空間の状況やその時の様子を聞くと、物をあまり置かないようにしている広いリビングでは盛んにハイハイの移動はしているということでした。

子どもの近くにいる父親という人的環境は、子どもの安全を強く重視する価値観があるため、不安定な様子をみると頻繁に「危ない」と行動を制限していました。

また広いリビングではつかまり立ちや伝い歩きがしやすい物的な環境が不足していることなどから、自発的に歩く行動を育みにくい環境となり、子どもの発達につながる行動に影響を与えているかもしれないと考えた相談でした。

子どもは少し難しいことに挑戦しようとします。それは大人の目から見ると、危険な挑戦に見えるかもしれません。しかし、この時の大人の声かけや、物をどう配置し空間をどのように設定するかで影響を与えるということが、この事例を通して考えられます。

たとえば上記の事例なら、ソファやオットマン、テーブルやリビングの収納棚の配置によっては、広いリビングでも、まずはハイハイからつかまり立ち、そして伝い歩き、その場立ち、それから歩行とつながる可能性があります。

ほかに階段なども早くから興味を示しますが、確かに一人での昇り降りは危険で落下の可能性もあります。

もちろん、危ないから禁止ということもあるかもしれませんが、園によっては、園舎の設計から階段の一部を緩やかな段差にし、子どもが昇り降りをすることを考え、安全に考慮した階段を保育に使用する園もあります。室内で保育者に見守られている階段で、安心した子どもは自分の足を下へと探りつつ出し、お尻から上手に降りようとします。

このような子どもの姿を見て、いっそう安全に楽しく取り組めるように、クラス内で使用するために牛乳パックで手づくりの階段をつくります。

“少し高い場所への興味・関心”は１歳児クラスのさまざまな場面で出会います。子どもにとっては自らの発達であり、促されて挑戦しているのではありませんが、環境が不十分だと、保育者が登ってほしくないと考える食事のテーブルによじ登ろうとしたり、室内を区切るパーテーションに登ろうとするため、叱るなどして禁止せざるを得ないことがあります。

このように、子どもが全身を使って、自らの力で育とうとする自然な発達は、子どもを取り巻く環境によって大きく影響を受けるものなのです。

2）発達と環境を考える４つの視点

発達にはまず、身体の運動発達があります。運動発達には粗大運動と微細運動があります。

寝返りがうてるようになる、這う、立つ、歩く、跳ぶ、身体のバランスをとることができ、ケンケンパーができるようになるといった粗大運動と、視線を動かす追視、指先の巧緻性、たとえば、初めは手のひらで握る、やがて指先でつまめるようになるといった微細運動の発達があります。

２つめに認知発達があります。たとえば、ピアジェの認知発達理論では、幼児期の段階的発達（対象の永続性の概念など）がありますが、現在は乳児研究がすすみ、生後間もない乳児期からの認知発達について理解する必要があります。またイギリスの心理学者ウーシャ・ゴスワミは、誕生間もない乳児の認知発達について著書「子どもの認知発達」にさまざまな研究者の成果を示しています。

アメリカの研究者アンドルー・メルツォフとキース・L. ムーアによる生まれたばかりの赤ちゃんの模倣する力の研究や、東京大学の遠藤利彦氏は、アタッチメントによる心の発達の重要性を伝えています。

３つめは、世界的な横断研究として、ペリー幼児教育計画やOECDの研究成果から乳幼児期の教育、人生の初期からの教育・保育環境が、子どもの生涯にわたっての幸福につながるということがあります。つまり、乳幼児期の教育は人生の成功につながるので、社会にとっても有益な経済的効果をもたらす人材になるということです。

ここで、子どもの生涯にわたっての幸福な人生につながるキーワードとして、社会情動性、非認知能力の発達が着目されました。乳幼児期の教育にはIQなどの認知能力では計測できない育ち、つまり非認知能力を育むことの重要性があります。

最後は、すべての子どもは、誰かに代わることはできない一人ひとりが主体として誕生した存在であるということ、子どもの最善の利益[*1]を踏まえた、主体的な発達が保障されることをまず大切に、環境を考えることが必要です。

幼稚園や保育所で、音楽指導、体育指導などを小学校の下請けのように実施する園が増えた時代がありました。子どもは教師や保育者の指示命令で行動することが重視されると、集団での秩序に重きを置くことになりがちです。子どもが自分の意見を述べたり、反発することは許されない傾向が強く、そのなかで無気力な子どもたちは、小さな失敗で登校拒否、場合によっては家庭内暴力をふるうような子どももあり、問題となった時期がありました（平井信義, 1978）。

教育・保育の場は集団で過ごす場所です。多様な子どもがその日もまた違う何かを抱えて、家庭内のことで傷ついたり、体調面も何かあるかもしれないなかで登園してきます。幼児期の主体的対話的深い学びのなかで獲得していく発達も、乳児期の特定の大人との応答的な関わりのなかで育つことも、常に個々の子どもが主体的であることを尊重し、保障する保育者の保育の内容の基本的な事項として求められています。

＊1 子どもの最善の利益

1989年国連で採択され、日本は1994（平成6）年に批准した「児童の権利に関する条約」に示された児童の権利の尊重及び確保の観点から具体的な子どもを護る事項として規定した内容。児童福祉法には第１章に示されています。子ども固有の権利であり、前原寛（2018）は、最善の利益（the best interests of the child）を英文からその意味を捉え「子どもが自発的に外側へ向けて自分らしさを最も良い形で現すことができるということであり、それが奪われてはならない当然の権利」と説明しています。子どもがそれぞれに子どもらしく生きられる重要性、発達する重要性を示しています。

子どもの環境に向かう力と発達

ここからは、乳児期から外界の環境に自発的に関わろうとする子どもの力を順に見ていきながら、そこで発達していく子どもの姿と望ましい保育者の関わり、環境のありようを説明します。

1）胎児期、乳児期からの環境に向かう能力

❶ 快いなかで次々と出会うはじめての世界

すでに妊娠６か月頃には五感の仕組みができてきています。明るさや音を感じていますし、実際に指をしゃぶる姿も確認されています。

誕生直後はちょうど母乳を飲む距離（およそ30cm）のところがぼんやりと見えています。吸啜反射や口唇探索反射などの原始反射[＊2]を使い、命をつなぐミルクを飲むことができます。

この頃は、混沌とした時期、自分のことも自分とはわからない時期ですが、自分の身体も含めて世界と出会っている姿として、自分の掌をじっと見つめるハンドリガードの姿も見られます。

＊2 原始反射
胎内でも指しゃぶりの様子（吸啜反射）を見るように、胎児期から育まれている反射行動で、誕生後徐々に消えていきます。赤ちゃんの口元や頬のあたりをつつくと、赤ちゃんが指のほうに顔を向けて口を開くのは口唇探索反射。指を口に入れると吸い付くことが吸啜反射。原始反射は、人の発達に重要な反射行動で、外界からの感覚や知覚、運動などと結びついて、その後に生きていくために必要な力や全身運動を学びます。

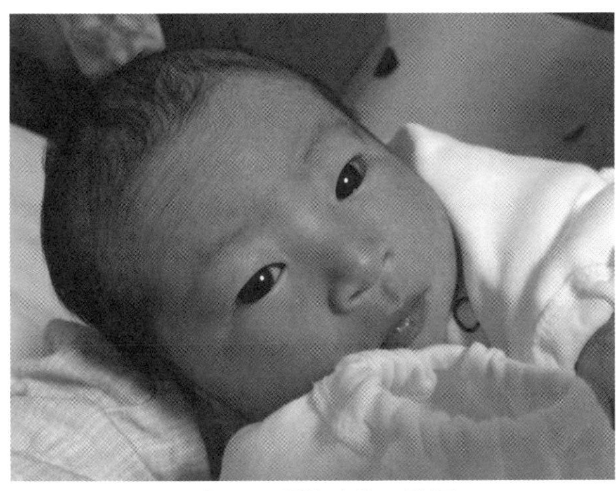

写真3-1　誕生直後の乳児

この時期の保育者の関わりの中心は、はじめて出会うことばかりの子どもの身の回りの環境を快くすることになります。やさしい色合いのカーテンや室内の明かりもやわらかくとりいれることを工夫したり、おもちゃや家具も木製の自然素材など、子どもにとってよい物を選ぶでしょう。

泣いたり、ぐずったりする乳児を、どうして泣いているのか、不快なのかを探ろうとする身近な大人である保育者が、その関わりを通して、子どもが快くなるという感覚の経過を辿る世話を行います。

たとえば、お腹がすいて泣いていると思われる子どもに対して、お腹がすいているはずと身近にいて察することができる存在が、実際に優しく抱いて言葉で話しかけながら、適切に調乳した、または母乳で授乳することで、不快だった感覚が快い気持ちになります。

不快で泣いていた状況を改善してもらうという体験を、保育者から受けとることが、保育者を通して身の周りのことすべてに対しても、よいイメージをもてることにつながるということです。

生後57日以降の産休明け保育が必要な場合は、施設設備や看護師を配置できるかという園側の環境の整備と、SIDS（乳幼児突然死症候群）への配慮[*3]と新入園児の環境ストレスの軽減のため、余裕をもった慣れ保育[*4]が実施されることになります。

3～4か月になるとさらに積極的に手を伸ばし、触れる、やがて舐める、口に入れてみるところから、さまざまな物と出会うことになります。

この頃の運動発達は、首がすわり、腹ばいにすると顔を持ち上げる、物をつかむことができるようになります。

基本的にはねんねの時期なので、おむつ交換台の近くに興味をひくモビール飾りを設置すると、手を伸ばしたり、よく世話をしてくれる人の存在がわかるようになるためじっと見たりします。

物をつかめるようになると（指先ではなく最初は手の腹で）なんでも口に入れてしゃぶったりなめたりします。そのため身近に置けるおもちゃの大きさ[*5]や定期的な消毒は欠かせません。

運動はやがて随意行動[*6]へと発達します。不快を全身で泣いて訴える子どもの成長を見ることができます。

❷ 情緒的な絆の形成の獲得へ

6か月頃から人見知りが現れ、よく泣くようになります。誰にでもよく

＊3 SIDSへの配慮

乳幼児の突然死を防ぐため、午睡時の「自由に寝返りがうてない時期のうつ伏せ寝の禁止」があります。同時に、睡眠時のチェックシートによる観察と記録により、子どもの突然死への注意、予防、警戒を行います。一方で、厚生労働省で乳児の異常死のデータの整理が行われた結果、約９割が入所して１か月以内に起きていることがわかっています。つまり、その子どもにとって慣れていない新しい場所の環境のリスクについて問われています。

＊4 慣れ保育

園では、はじめて入園する子どもが新しい環境と生活に慣れることを目的に、保護者に子どもとしばらく園で過ごしてもらったり、在園時間もはじめは短くし、子どもの様子を見ながら少しずつ時間をのばす"慣れ保育"または"慣らし保育"を実施しています。新しい環境に長時間子どもが生活すること、特に乳児には環境のストレスが高くなることから、一層の配慮が望まれます。

笑いかけていた３か月頃とは違い、子どもが世話をよくしてくれる親しみのある大人と、そうではない大人を見分けるようになります。そのため、最も身近な母親から離れる登園時に大泣きするようになったり、いつも担当してくれる保育者を見ると、ぴたっと泣き止む姿もでてきます。

この頃の保育者の中心の関わりは、子どもの情緒的な絆の形成になります。愛着形成とも言える関わりで、安心できる身近にいる大人との安全基地の獲得です。人と関わる基盤となる力の獲得でもあるため、たとえば、大好きな存在への後追いの姿も大事に考えます。生活を支え受容してくれる存在に安心して甘えられるコーナーづくりや、廊下を一時的に使用するなど、心地よいクッションやソファ、オープンになりすぎない安心空間を準備することで情緒の安定を図る空間を考えるとよいでしょう。

写真3-2　６か月を過ぎた乳児

おすわりもできるようになり、視野も広がる時期です。身近にいる大人との関わりを楽しみ、やりもらいの遊びをするようになります。

❸ 探索が豊かになりはじめる

９～10か月頃になると有意味語（ジャルゴン）、喃語が表れるようになります。指差しの姿や共同注意、三項関係も表れてきます。

そのため、たとえば父親が大事にしていたカメラを触ろうとした子どもを見て驚いて大きな声でだめ！と叫んだことを子どもは覚えていて、何か目新しい物を触るときは、父親の顔色を見るようになってしまったという話があります。

このような父親の顔色を見るという姿は、１対１の二項関係から三項関係への発達した姿、成長した証の姿でもあります。

❹ いたずらは探索行動

10～21か月頃になると、ハイハイ、伝い歩きをします。大人に見守られている安心感から、探索行動が一層、豊かになる時期となります。

＊5 おもちゃの大きさ
トイレットペーパーの芯の大きさより小さい物は危険とされています。この時期の保育者の関わりの中心は、衛生的で安全、安心な物的な空間の環境であるかどうか、そして穏やかに子ども一人ひとりに合わせて世話をし、愛情をもって落ち着いた関わりができる保育者がいるかという人的環境が保障されているのかが課題となります。

＊6 随意行動
首据わり、寝返り。おすわり、つかまり立ち、立居歩行といった赤ちゃんの随意運動の発達過程は、どんな赤ちゃんでも、生育環境や親の関わり方に関係なく、自分の意思による随意運動としてレパートリーが増えていくと榊原は説明しています（榊原，2018）。自分の意思ではない不随意運動や反射行動から、自分の意思で行うことが増えていく発達過程を理解して見守る必要があります。

引き出しや扉も開けようとしますし、身近な大人の大事にしている物に強く関心をもち、スマートフォンや鍵、お財布など、置いておくと見つけたとたん手にしようとします。

このような自分から移動できるようになった子どもが、大人にとって都合の悪い行動をすることを“いたずら”として叱ってしまう家庭は多いものですが、実はこの時期のいたずらは、子どもにとってはじめての世界に主体的な体験を通して出会い学んでいる“探索行動”です。

このようないたずらが中心になりやすい探索行動の時期の保育者の関わりは、子どもの身近な場所には、危険な物を置かないことが基本です。そのうえで、興味を引かれた好奇心をくすぐるいたずらを代替えする遊びを考えます。または、子どもの遊びを発展できる乳児保育での遊具、購入物や手づくり玩具やしかけを保育現場では工夫します。

物を投げるなら投げる遊びを、なんでも引っ張り出すなら、引っ張り出せるおもちゃをと考えるとよいでしょう。

写真3-3　いたずらの仕掛けがたくさん（手づくりおもちゃ）

❺ 歩く・走る・昇り降り

1歳6か月になると、個人差はありますが体重は生まれたときの3倍、身長は1.5倍になります。言葉は1歳後半には二語文「ママきた」など「○○ちょうだい」などを言えるようになります。自我の芽生えを感じる姿も出てくるため、集団保育のなかでは、自己主張からのぶつかりが増えてきます。ひっかき、噛みつきに表現されることは多々あります。

さらに探索行動が豊かなときで、他児とトラブルが増えやすくなるこの時期の保育者の関わりは、他児とぶつからないような遊び空間への配慮や保育者の個々への関わり方が考えられます。自他の区別がまだつかないため、友達の物という理解は困難な時期です。人気のあるおもちゃは複数用意することや、じっくり個々が遊べるように空間をコーナーで分けるなど工夫を行うとよいでしょう。

一人歩きは完成し、走ることもできるようになります。少し高いところへよじ登ることを好み、階段の昇り降りもできるようになります。大人のしていることの模倣を通して、なんでもやってみようとし、たとえば、出入り口の鍵を指先で真剣に動かしてみます。お迎えに来た保護者は自分で開けたい子どもに根気よく付きあってあげてくれている姿を見ます。

大人が書く連絡帳を見ると自分も書きたがり、鉛筆を持てるようになり、なぐり書きを線で表現し描けるようになります。母親と同じ文字を書いている気分もあるのでしょうか、横に線と丸を描くようなものを見ることがあります。また、丸を指差し、わんわん、いちごなどと名付けることも出てきます。

この頃、膀胱の括約筋が成熟してくるため尿を貯められるようになり、排泄の間隔がかなり開くようになります。まとめてたくさん出るため不快で自分でおむつを下ろしてしまったり、トイレに興味をもつようにもなり、自立へのサインとなる様子が見られるようになります。

この時期に行う保育所での排泄の自立は、1日のほとんどを園で過ごす

写真3-4　トイレはここで座って待つことも。ズボンを自分ではくときにも便利ないす

保育所の子どもにとって重要な保育者の関わりになります。幼稚園入園前の親子を対象とした子育て支援の広場でも排泄の自立への相談は多いものです。

課題

乳児または幼児が自ら環境に関わることにより、遊びを通して学んでいると思われることを見つけましょう。学校の行き帰り、休日の公園、実習などで観察してみましょう。

幼児期の環境を通した総合的な学び

運動面では全身の運動がなめらかに、基本的生活習慣もほとんどのことができるようになっていく時期が幼児期です。他児が友達となり、集団遊びを楽しめるようになり、やがて思いやったり、全体を考えた発言や行動が取れるようになるなど組織的な活動へと大きく育つ、つまり仲間関係や人間関係が大きく育つ時期でもあります。はじめは小グループのため、多くの関心のある模倣やごっこ遊びがそれぞれ豊かに十分に楽しめるよう、素材や遊具などコーナー遊び環境を充実します。

成長するにしたがって、園行事なども含めて子どもと一緒に園生活や遊びをどのようにしていくことがよいかを考え、幼児の自発的な活動として、他児との協力や自分の役割を担うような毎日の生活を通して、心身の調和が取れた発達の基礎が育まれるような総合的な活動を行うとよいでしょう。

1）いざこざの多発

幼児期のはじめ３歳頃になると身体のバランスをとることが巧みになります。たとえば、戸外へ出ると縁石の上など狭い場所を歩こうとするなど、身体のバランスの発達に通じる動きを好む姿が見られるようになります。

特に保育者は３歳児期の平均台やケンパー遊びなど遊びを通して体験できるようにするとよいでしょう。

基本的な生活習慣は概ね自立します。自他の区別がつき始め、他児にも、物にも関心が広がります。

しかし、まだまだ自己中心的であるための他児とのトラブルが非常に多くなります。好きな物、特に流行の物を共有して、仲良しの友達の存在も出てきます。

朝、仲良しの友達を登園するまで待ち続ける姿を見るのも特徴的な時期です。しかし、友達と言っても、平行遊びが多いため、お互いのもつ遊びのイメージのズレや約束の思い込みなども多く突然「大っ嫌い！」となり、喧嘩も多発します。また、もともと仲がよいとしていない相手には、仲間に入れてあげないなどの主張をすることで、自己を主張することで起きる、喜びや悲しみなど、他者との多様な関係や感情を学んでいる時期でもあります。

身近な生活環境に親しみをもつため、大人の模倣、お店やさんのまね、おままごと遊びも楽しみます。周りの期待や、善悪も理解しているため、正義感からの訴えやヒーロー遊びも大好きな時期です。本人なりの正義感からの喧嘩も増えてくる時期です。

この頃の保育者は、このような他児とのトラブルも単純にいじめだとか、仲良くしましょうなどと一方的な大人側の解決で納めるのではなく、喧嘩を通して学び合えるような過程をたどれるよう、仲裁に入ることが望まれます。物の貸し借りや順番などを自ら行おうとする姿も出てきます。しかし、こだわりはまだまだ強いため、一方的な保育者からのお願いは通用しないことが多く、話し合いと時には乳児期のように、まずは受容するような関わりをもつことがまだまだ必要な場面もあるでしょう。

写真3-5　自然物を使ったお弁当づくりをして遠足ごっこへ出かけます

2) 集団の発達する時期

❶ 自分の理想の姿を描く

4 歳、5 歳、6 歳の時期は身体全身のバランスが巧みになり、スキップやケンケン、自転車などにも活発に挑戦する姿が見られます。子ども同士が喧嘩をして主張したり、話し合ったり、我慢をしたり、ときには自発的にあやまる姿も出てきます。

5 歳になると、活動を自主的に進め組織できるようになってきます。年長クラスで、皆が大好きな“いたずらラッコのおなべのほし”の絵本のストーリーでのごっこ遊びが流行りました。いつも見に来てくれる乳児さんや保護者のために劇ごっこを行いたいと、子どもからの意見が出てきました。そこで、子ども主体の総合的な活動へと取り組むことになったことがあります。

ある日、主役でないことを母親から指摘された子どもが、どの役割も劇を行うには重要な仕事であると母親に怒り訴えてきたと、保護者から子どもの心の成長に感心したことを嬉しそうに話してくれました。

そのほか、効果音楽や照明のほか、座るいすがないとお客さんが疲れるから指定席をつくったほうが良いと言う意見が出て、チケットをつくろうという案が出ました。チケットとはどのような物かを考えるなど、皆で考え、力を合わせてさまざまな事柄に取り組み、保護者も招待する劇発表会につながりました。

このように、4、5 歳頃からは自分の理想の姿を描くことができる時期であり、持ち得ている体験や知識を総動員して、目的に向かって努力ができる時期です。

活動や遊びの展開もこのように自主的な物から総合的な活動になることも増えてくるため、身近にある公共施設や交通機関、自然物、事象、事物に関心をもち、利用できるよう支えていくことが保育者の関わりの中心になります。

たとえば、劇活動で作製したチケットづくりのために数字を知っている子どもに教えてもらうことや、実際に手分けをして書く作業。計画的に準備を行うための時計の見方など、そこでは、日常生活で使用する数や文字、形や量、時間などにも子どもは関心をもつようになります。

写真3-6　セミの抜け殻をみせる陳列台

写真3-6は、夕涼み会のお店やさんごっこで、集めたセミの抜け殻を販売する４歳児の子どもたちが、皆で考え作製したセミの抜け殻を見てもらう陳列台（子どもの意見から陳列台をセミの止まり木に見立てている）です。このような協力して行う協同遊びの体験は、劇ごっこ遊びの体験と同様に、幼児期後半の大切な遊びの体験です。

生活や遊びに必要な器具、道具を積極的に取り入れて試したり使ったりしながら表現しますが、使用に際して安全や管理にも責任をもてるようになります。

写真3-7　ナイフを使ってお箸づくりに挑戦

このように幼児期後半では、イメージに向かって努力したり、皆で真剣に考え相談しやり遂げていく力をもっています。それは自分のことだけではなく、他者との関係のなかで自分なりの意見をもつようになるということでもあります（社会情動性、非認知能力の発達）。

❷ 幼児の教育にも養護は基盤

しかし、幼児、年長といえども、集団または長時間の保育で疲れ、寂しかったり、不安になることも多いものです。養護的な側面（生命の保持や情緒の安定）は良好な状況にあるのか、運動会で年長が保護者におんぶしてもらって障害物競走など、時には身近な大人とのふれあいや甘えを受けとめてもらうなかで主体的な全身の運動が促され、自立に向かう発達が育まれていくことは忘れないでいたいですね。

身体機能の成長とともに、年長としての誇りや意識をもてるようになるため、園全体の環境を考え、たとえば、畑の作物の立て札づくり、年下の子どもの面倒を積極的に見る姿もあります。思考力の高まりから関心の視野が広がるため、地球規模での環境を考えて、エコ活動への協力など、世界への興味、自然や社会や文化について広く関心がもてるようになってきます。

小学校以降の子どもの発達を見通し、幼児期の終わりまでに育ってほしい姿は方向目標（前原寛, 2018）として確認しますが、その子どもにとってよりよい生き方、育ち方ができているのか、子どもの最善の利益について振り返り、改めて発達と環境の関係が、幼児のこの時期にふさわしい生活と遊びのために保証され、追求されているのかを、計画そして評価を通して振り返り考えていくことも大切です。

❸ 子どもの自己実現を支える環境

物や人の環境と出会い相応しい関わり方を身につけるために、子ども自身が発達しています。自らの自己実現を支えるような事前の環境設定や、その場での柔軟な対処に、保育者が協働力を発揮するような支援となるのでしょう。

保護者や地域との連携も図り、園周囲の環境も取り入れながら、子どもの生活と遊びがいきいきと豊かになることを願って保育環境を考えていきたいですね。

演習問題

乳児または幼児が自ら環境に関わることにより、遊びを通して学んでいると思われることを見つけましょう。学校の行き帰り、休日の公園、実習などで観察してみましょう。

参考文献

- 厚生労働省『保育所保育指針解説』2008年
- 厚生労働省『保育所保育指針解説』2018年
- 前原寛ほか『日常の保育を基盤とした子育て支援――子どもの最善の利益を護るために』萌文書林, 2018年
- マーク・スローン, 早川直子訳『赤ちゃんの科学――ヒトはどのように生まれてくるのか』NHK出版, 2010年
- 文部科学省『幼稚園教育要領解説』2018年
- 岡本依子・菅野幸恵・塚田―城みちる『エピソードで学ぶ乳幼児の発達心理学』新曜社, 2004年
- 汐見稔幸・小西行郎・榊原洋一編著『乳児保育の基本』フレーベル館, 2007年
- 政府広報オンライン――暮らしに役立つ情報（2018（平成30）年９月21日）https://www.gov-online.go.jp/useful/article/201809/2.html

写真協力

〈個人〉

- 海老原映理（３人の子育て中の母）
- 嵩原美和（社会福祉法人母子育成会白楽あいいく保育園）

〈協力園〉

- 社会福祉法人母子育成会白楽あいいく保育園
- 社会福祉法人福翠会烏山いちご保育園
- 社会福祉法人梅郷福祉会梅郷保育園

コラム

持続可能な開発のための教育（ESD：Education for Sustainable Development）と持続可能な開発目標（SDGs：Sustainable Development Goals）

人類は、これまでになかったような多くの課題、問題に直面しています。このままでは安定してこの世界で暮らしていけません。そのため2015（平成27）年には、国連サミットでSDGs 持続可能な開発目標が、2030（令和12）年までに達成すべき17の目標として採択されました。

持続可能な開発とは、「将来の世代の欲求を満たしつつ、現在の世代の欲求も満足させるような開発」と定義されています（外務省ホームページ：「環境と開発に関する世界委員会」（委員長：ブルントラント・ノルウェー首相（当時））が1987年に公表した報告書「Our Common Future」の中心的な考え方として取り上げた概念。この概念は、環境と開発を互いに反するものではなく共存し得るものとして捉え、環境保全を考慮した節度ある開発が重要であるという考えに立つものである）。

つまり持続可能な開発のための教育とは、現代社会の課題である、地球規模での自然など環境問題、貧困や人権、平和といった問題、課題を自らのこととして捉え、身近なところから取り組むことにより、それらの課題の解決につながる新たな価値観や行動を生み出すことによって、持続可能な社会を創造していくことを目指す学習や活動のことを言います。

世界中で起きている出来事を自分の問題として捉え、いま、自分が行動することが、未来につながることを意識することが望まれています。

地球の未来について考えるという国連を中心とした国際的な課題解決への取り組みとして示されたのが、この持続可能な開発のための教育です。

2020（令和２）年現在の学習指導要領には、持続可能な社会の創り手の育成が明記され、子どもの未来に関わる保育者、教育者は子どもとともに、取り組みはじめています。

第4章

0歳児の発達と「環境」

本章の構成

日本の現代社会において乳児保育が果たす役割は一層重要視され、2017（平成29）年3月の「保育所保育指針」の改定＊1 [1]・「幼保連携型認定こども園教育・保育要領」[2]の改訂では、「乳児保育」の内容がより具体的に示されました。このことは、乳児期の豊かな育ちが、人として生涯を生き抜くために必要な礎（人間力）を育む大切な時期であることを意味しています。本章では、生後から1歳児未満までの発達の特性を踏まえ、物的環境・人的環境を通して、子どもに育つものは何かを考えてみましょう。

＊1 保育所保育指針

2017（平成29）年3月に改定され、「乳児に関わるねらい」があらたに記載され、乳児保育の重要性がより明確化された内容となりました。

0歳児の発達の特徴と「環境」

0歳児保育を展開するにあたっては、発達的特徴を理解し子どもの特性を捉え保育することが重要になります。そのための周囲の「環境」をどのように構成し活用するかということが、重要な視点になります。

1）0歳児の発達と特徴

0歳児は心身の発育・発達が著しいため、個々の特徴や日々の変化を的確に捉えることが大切

0歳児は心の成長が著しく、食事や睡眠の状況も刻々と変化し、身体運動機能も日を追うごとに発達していきます。

表4-1のように、0か月～6か月の時期は、母親の胎内の環境から外界の環境に適応するため、1日の大半から13～14時間と睡眠時間を調節していきます。6か月頃には、授乳による栄養摂取から離乳食への準備開始の時期となり、運動機能は寝がえりができるまでになります。

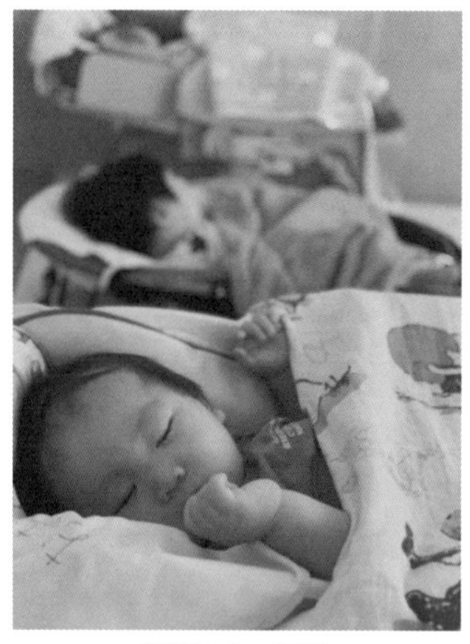

写真4-1　午睡

写真4-2　つかまり立ち

表4-1　月齢別の主な運動機能の発達・食事・睡眠の特徴

月齢	運動機能の発達	食事	睡眠
0か月〜 6か月	・にぎる （4〜5か月） ・首のすわり （4〜5か月） ・寝がえり （6〜7か月）	・栄養摂取の自立 （授乳） ・離乳食初期 （つぶし粥・おかず・育児用ミルク）	・前期 1日16〜18時間 （2・3時間毎に睡眠） ・後期 1日13〜14時間 （1日2・3回昼寝） 「昼起きる、夜寝る」
7か月〜 13か月未満	・ひとり座り （9〜10か月） ・ハイハイ （9〜10か月） ・つかまり立ち （11〜12か月） ・ひとり立ち （13か月〜）	・離乳食中期 （お粥・おかず・育児用ミルク） ・離乳食後期 （かた粥・おかず）	・12〜13時間 （昼寝1回） 「夜まとめて寝る」 （夜泣きが多くなる）

出典：厚生労働省「2010年（平成22年）幼児身体発育調査」[3)]
＊運動機能の発達内（　）の数字は、90％以上が可能となった時期

7か月〜13か月未満は、睡眠が1日12〜13時間程度となり、上下の歯が生え始め、あごの筋力も発達し、離乳食は1日2回程度となります。運動機能は「ひとり立ち」などができるまでになります。

2）発達の特徴を活かした応答的環境

乳児の発達を促すためには、応答的に対応する物的・人的環境が重要な役割を果たす

乳児期の発達は個人差が大きく、一人ひとりの成長には特徴があります。そのため、「個」の生育歴[＊2]・心身の発達・発育の状態等に応じた「もの（物的環境）」を配置し、それを保育者が適宜に「働きかけて行動を保障する（人的環境）」ことが重要です。

保育所・幼保連携型認定こども園に通う乳児にとって、保育室は1日の大半を家族以外の大人（保育者）と過ごす大切な生活の場所になります。環境の構成には「家庭」のような温かみのある場となるように、十分な配慮や工夫が必要です。

＊2 生育歴
赤ちゃんの出生時の様子、及び出生からの子どもの成長（食事・健康・予防接種などの状況等）した記録。

汐見（2007）は、「赤ちゃんは自分でできると思うことしか挑まないし、自分の能力をちょっと背伸びすればできることには集中して挑むものだ」[4)]と述べています。つまり、発達段階に応じた物的環境は、「できる」・「できるかもしれない」という状態であることが大切になります。そして、「できた」時の結果（現象）として、「できたね」の愛情深い応答的な反応がある環境がとても重要です。

写真4-3　戸外遊び

物的環境の代表として「おもちゃ」があります。発達に適したおもちゃを活用することで、子どもは遊びを通してさまざまなことを学び成長していきます。使用にあたっては保育室の環境を考慮して、適宜に遊ぶ場所を設定します。

表4-2を参考に手づくりのおもちゃを用意することも、豊かな保育を展開するためには大事なことです。「世界にひとつしかないおもちゃをつくってあげられる喜び」は、深い愛情として子どもに伝わります。佐々木（2011）は「自分が喜ぶことを相手も喜んでくれる人に育児されたい、という子どもの感情は、３歳くらいまで持続して発達する」[5)]と述べています。保育者との情緒的な絆が形成されることで、子どもは「安心感」をもって園生活を過ごすことができるようになります。

写真4-4　手づくりおもちゃで遊ぶ

表4-2　0 歳児の発達に応じた代表的な「おもちゃ」

月齢	発達（運動機能）	おもちゃ	内容
0 か月～6 か月	・あお向けの姿勢のまま ・にぎる ・首のすわり ・寝がえり ・興味のあるものを目で追う ・あお向けで足をつかむ ・うつ伏せにすると手をつき肩と頭をあげる	・オルゴール ・布製ぬいぐるみ ・ガラガラ ・モビール ・でんでん太鼓 ・起き上がりこぼし ・ボール(柔らかいもの) ・布絵本	・日中も寝ている時間が長いため、あお向けの姿勢のまま遊ぶことができるもの ・心地よい音がなることで興味をもち、目でものを追ったり顔をあげたり、寝がえりのきっかけになるもの
7 か月～13か月未満	・後支え座り ・ずりばい ・ひとり座り ・よつばい ・ハイハイ ・指さしを見る ・握ったものを持ち替える ・握ってひき出す ・つかんだもので床をたたく ・つかまり立ち ・つたい歩き ・しゃがむ ・ひとり立ち	・引き車 ・トンネル ・ジャンボクッション ・積み木 ・押し車 ・太鼓（ドラム） ・立体型はめ ・積み木 ・ハンマートイ ・モビール ・スロープ転がり	・股関節を動かす、背筋を伸ばして遊べるもの ・立ったり、座ったりを応援できるものや、手を伸ばせば届く少し高い所に設置できるもの

0歳児の安全な生活の展開と「環境」

0歳児クラスの生活環境を安全に展開するには、「安全マニュアル」などに従い、計画的に「安全を配慮した環境」を設定することが重要になります。常に子どもの安全・安心を考慮した環境を意識しましょう。

保育を展開するなかで、健康・安全な生活に配慮することが最も重要な視点になります。保育者は子どもの生命を守らなければなりません。そのためには、さまざまな危険を回避する取り組みや、工夫を施した環境を用意することが重要です（リスクマネジメント）*3。

子どもの園生活において、事故・けがの発生を完全に防ぐことはできません。大事なことは、さまざまなトラブルが常に起こる可能性を考慮して、表4-3のような「安全対策」を施し保育を行うことです。これにより、最悪の状態を回避し最小限の結果にとどめることが可能となります。

写真4-5　手洗い（衛生管理）

「新しい生活様式」*4は、以前に増して危機管理や衛生管理の配慮に努めなければなりません。保育者は子ども達の健やかな日常を展開するために、各現場の「安全マニュアル」などに従い、安心・安全な環境づくりに努めることが必須となります。

＊3 リスクマネジメント（リスク管理）

将来的に事故やけがにつながる危険な事象が起こるであろうことを予測し、対策を考え備えること。

＊4 新しい生活様式

厚生労働省より（2020.5）、新型コロナウイルス感染症専門家会議からの提言を踏まえ、新型コロナウイルスを想定した「新しい生活様式」を具体的にイメージした、今後、日常生活のなかで取り入れたい実践例。

＊5 乳幼児突然死症候群[6)]

それまで元気だった赤ちゃんが睡眠中に突然呼吸がなくなり、死亡してしまう病気。事故ではない。生後4か月をピークとして生後6か月までにその80％が発生します。

表4-3　0歳児クラスの安全を配慮・工夫した環境

環境	場所や事象	配慮や工夫
屋内	保育室	子どもの活動や保育者の動きに合わせたコーナーを室内に設置し分ける（食事・睡眠・遊び・運動・おむつの交換等）。特に「食事・睡眠・遊び」の空間は分ける
	おもちゃや遊具	破損や個数の点検（修理）
	温度や湿度管理	適温を保ち換気を心掛け、心地よい環境にする（窓の開閉の工夫、カーテンやすだれなど活用）
	採光・音	部屋の広さに合う光や音の工夫をする（窓の開閉の工夫、カーテンやすだれなど活用）
	保育室の管理	清掃や消毒をこまめに行い、清潔な空間を保つ（特に床や手すりは注意）
健康	誤飲	手の届く所にある口に入りやすいものを排除する
	転倒	段差や棚の確認を常に行う
	アレルギー	食事の場所を分ける
	感染症や疾病	消毒で衛生管理や感染症予防の徹底（保育者を含む）
	休息・睡眠（乳幼児突然死症候群）*5	休息する際は水分補給し、睡眠も十分とれるような環境設定をする（SIDSチェック：睡眠中5分おきに呼吸の様子・睡眠の体勢を確認する）
	衣服	活動や気温の状況に合わせて着替えを行う
	食事	月齢や発達に応じてグループを分け、それぞれ担当を決めるとよい
屋外	園庭や遊具	点検を常に行い、遊具の破損・危険な落下物・枝木の突き出しなど特に気をつける
	砂場	ゴミ・葉・猫の糞等の排除、定期的に消毒も行う
	散歩	危険な箇所がないか事前に調べる
	テラス・ベランダ	点検を常に行い、遊具の破損・危険な落下物に気をつける
	水遊び（沐浴）	「水」を扱う活動は大きな事故につながるので、万全な準備が必要となる。感染症予防に配慮する

0歳児クラスの保育者の役割

保育者の仕事は、子どもの生命を保障し成長を支えることです。そのうえで、0歳児クラスの保育者の役割とはどのようなものか、保育者の専門性を踏まえて考えてみましょう。

1）保育者は子どもにとって重要な存在

❶ 保育者は大事な人的環境であると自覚することの重要性

子どもの人格形成の基礎となる乳児期に関わる保育者は、保護者や親族よりも生活を共にする時間が長くなる場合もあるため、子どもにとって大変に影響力のある大人となります。

たとえば、出生から４～５か月くらいまでの乳児は、寝がえりなどの移動を伴う身体運動を行うことができません。そのため、人的環境である保育者がうつ伏せの体験をさせる、手足の曲げ伸ばしをするなどの運動機能を刺激することで、やがて自発的な運動ができるようになります。運動機能は日常の遊びを通して、自然に育まれることが重要です。そのため、保育者は常に適切な刺激を与えられるよう、周囲の物的環境も整えます。

写真4-6　基本的信頼関係の形成

子どもは保育者との一対一の落ち着いた環境に支えられることにより、のびのびと自己表現ができるようになります。子どもにとって保育者は、欠かすことのできない大事な「人的環境」なのだということを念頭に、温かな信頼関係を築いていくことが大切です。

2）環境を意識した保育者の役割と専門性

❶ 保育者の専門性は子どもとの信頼関係のなかから育まれる

子どもは好奇心のままに探索行動をする反面、少しのことでも不安な感情を抱きます。そして、この揺らぐ感情を自分ではコントロールできず、安心できる場所（安全基地）を求めます。この場所こそが保育者であり、その行動を「愛着（アタッチメント）行動」[*6]といいます。

0歳児の保育は「食べる」「寝る」「排泄する」（基本的生活習慣）といった生活そのものを支え、その世話をすることが中心になります。このような日々の関わりのなかから、自分の命を守ってくれる保育者に温もりや親愛の情を抱きます（基本的信頼）。保育者も子どもの要求に応答し、不安な気持ちを支え、「優しい存在」として受容します。こうして、子どもから「愛着行動」が生まれてくるのです。決して、「愛着」の気持ちは自然な感情として育まれるものではないのです。

子どもは保育者という「安全基地」ができると、次第に周囲の物や人に働きかけ、意欲的に行動していきます。主体的に発生する好奇心を適切に刺激し、同時に個の発達を理解したうえで生活のリズムを配慮・援助し、見通しをもって保育を実践していく力を有することが、保育者としての専門性を深めることにつながります。

＊6 愛着[7]
誕生から数か月間に身近な人間（両親や祖父母などの特定の大人）に結ばれる情愛的絆。「愛着（アタッチメント）行動」。この絆が育まれることを「愛着形成」と呼びます。ボウルビィ（Bowlby, J. 1907〜1990）は、乳児期に形成される母子間での愛着の質が、乳児のその後の発達に影響を与えることを指摘しています。

事例

事例・演習問題

事例　保育者の受容的・応答的な関わりで、知的好奇心が育まれる 日光浴中、テラスに落ちている葉っぱを拾って

戸外に出ると、木の葉が数枚落ちていた。Aくん（1歳0か月）はしゃがみ込んで葉を1枚掴み、近くにいた保育者に「うーうー」と嬉しそうに見せた。保育者も「葉っぱ、あったね」と笑顔で応答する。やがて、持っていた葉を握りつぶした。手のひらから粉々になった葉が風に舞う様子を見て、また嬉しそうに笑った。

解説

Aくんは風で転がる木の葉に興味をもち、保育者に見つけた喜びを「見て」と差し出しました。保育者も「葉っぱ、あったね」と、喜ぶAくんの嬉しい気持ちに共感します。さらに、Aくんは葉の感触を楽しみ、風に舞う様子を見て、一段と笑顔になりました。

写真4-7　外気浴

0歳児でも身近な大人に見守られながら、探求心をもって周囲と関わり、自分自身を進化できる力をもっています。保育者の受容的な言葉かけ、安心感のある笑顔、そして、応答的な関わりのなかで、葉が細かくなり

風に舞うという一連の現象（知的好奇心）が育まれたと考えられます。

演習問題

Bちゃん（9か月）は「ハイハイ」ができるようになると、行動範囲が広がり活動も活発になりました。周囲への興味や関心も高まっている様子です。反面、何事にも慎重に取り組む傾向が見受けられます。

マットでつくった小さな山の登り降りの活動を通した、保育者のBちゃんへの関わり方について考えてみましょう。

引用文献

1）厚生労働省「保育所保育指針」2017年
2）内閣府「幼保連携型認定こども園教育・保育要領」2017年
3）厚生労働省「平成22年乳幼児身体発育調査」2010年
4）汐見稔幸・小西行郎・榊原洋一編『乳児保育の基本』フレーベル館，p.6，2007年
5）佐々木正美『完　子どもへのまなざし』p.92，福音館書店，2011年
6）汐見稔幸・榊原洋一・中川信子『はじめて出会う育児の百科』小学館，p.296，2003年
7）谷田貝公昭編『新版保育用語辞典』p.2，一藝社，2016年
8）厚生労働省「保育所保育指針解説」p.112，2018年

参考文献

◆ 汐見稔幸監『0・1・2歳児からのていねいな保育　第1巻——ここまで見えてきた赤ちゃんの心の世界』フレーベル館，2018年
◆ 汐見稔幸・小西行郎・榊原洋一編『乳児保育の基本』フレーベル館，2007年
◆ 汐見稔幸・榊原洋一・中川信子『はじめて出会う育児の百科』小学館，2003年
◆ 汐見稔幸監・鈴木八朗編著『発達のサインが見えるともっと楽しい——0・1・2さい児の遊びとくらし』メイト，2018年

コラム

職員間の連携と共通理解の重要性

写真4-8　屋内遊び

保育所保育指針解説では「乳児期に特定の保育士等との間に芽生えた愛情や信頼感が、（略）人との関わりの世界を次第に広げていく上での基盤となる。」[8)]と示されています。けれども、近年の保育所の運営は多様化が求められ、保育者の勤務体制はシフト制が基本です。そのため、おおむね0歳児クラスは、複数の担任や職員で連携を図り保育を行っています。

ある園の0歳児クラスで、「おむつを替えてもらえていない」と、保護者から指摘を受ける事例がありました。降園後、おむつのなかが乾燥した排泄物でいっぱいの状態に気づいたからでした。乳児保育は子どもへの生活習慣の適切な援助が、最優先事項です。このことで、子ども自身やその保護者からの信頼を損ねたことは言うまでもなく、まさに、検証すべき事例として反省・改善しなければならないものでした。

保育者は大切な子どもの生命を守るため、職員間の連携や協働を徹底する必要があります。そのためには、日常的にコミュニケーションを密に図り、信頼関係を構築しながら保育をすることが大切だと感じています。

第5章

1歳以上3歳未満児の発達と「環境」

本章の構成

1　1歳児の発達と「環境」

1）1歳児の発達と特徴

❶歩行開始から好奇心の広がりによる身体機能・運動機能の充実と、周囲への意識の高まり

2）保育者や友だちとの関わり

❶保育者を介して自己表現が可能となると、周囲の友だちやさまざまな事象との関わりが豊かになる

2　2歳児の発達と「環境」

1）2歳児の発達と特徴

❶立体歩行の完成からのさらなる身体機能・運動機能の充実や、生活習慣の自立に伴う自我意識の芽生え

2）保育者や友だちとの関わり

❶自我の芽生えによる周囲への興味関心の広がりで、子どもの社会性は育まれる

3　身近な生活や遊びを通した「環境」の展開

1）身近な玩具・絵本・遊具との関わり

❶身近な物的環境は子どもの発達を助長し成長させる

2）自然や動植物との関わり

❶子どもは自然や動植物とふれあうことで、生命の神秘や偉大さなどを学び、そこから生きる喜びを実感する

3）季節や日本の文化との関わり

❶保育者の準備や工夫で季節や文化を通した環境を整える

4　事例・演習問題

コラム

乳児期から幼児期への移行期間となる、1歳以上3歳未満児の時期は、自我の芽生えを通して、基本的生活習慣の自立がみられるようになります。また、運動機能の発達に伴い基礎的な動作ができるようになり、子どもの活動は一層活発になります。
本章では、1歳児・2歳児それぞれの発達の特性を理解し、「物的環境・人的環境」との関わりを通して、子どもに育つものは何かを考えてみましょう。

1歳児の発達と「環境」

1歳児の保育を実践するには、0歳児の発達の特性を理解したうえで、現状の子どもの発達的特徴を正しく捉え、理解することが重要になります。そのために、周囲の「環境」をどのように活用し、保育を展開するかということが大切な視点となります。

1）1歳児の発達と特徴

❶ 歩行開始から好奇心の広がりによる身体機能・運動機能の充実と、周囲への意識の高まり

表5-1のように、1歳児は運動機能が充実しできることが広がることで、さまざまな生活習慣の自立に向けた準備が始まります。

身体機能が発達し全身のバランスが安定してくると、足の機能が活発になります。手先の機能も充実し、緻密な動きができるようになることで、積極的に周囲の環境に働きかける意欲が高まり探索行動*1を始めます。

周囲への意識の高まりや遊びの意欲も広がり、「一人遊び」から友だちや人や物に対しての働きかけが活発になり、「見立て遊び（象徴遊び）」*2をするようにもなります。

写真5-1　一人遊び

こうして、自分の意思や行動を表現するために言葉が必然となるため、言語の発達も顕著になります。喃語*3から「一語文」*4「二語文」*5へと変化し語彙が増えて、簡単な会話が成立するまでに成長します。言葉の習得には身近な大人の影響が大きいため、保育者は発語の刺激となる環境を、日常的に整えることが重要です。

＊1 探索行動
人間を含む動物が、十分な知識をもって目の前の対象に対して接近して調べること。[1)]

＊2 見立て遊び（象徴遊び）
想像上の遊び、一ばん純粋なかたちの自己中心性及び象徴的思考。現実を自分自身の関心に同化するはたらき。[2)]

＊3 喃語
誕生後、鳴き声（叫喚発声）だけであったものが、非叫喚発声になります。その後、発声そのものを目的とする喃語がでてきます。喃語はアーアー、アンアンといった母音からしだいに、マンマンマン、メムメム、といった子音を含むようになります。（中略）喃語には語らいのように一定の意味をもっていません。[3)]

＊4 一語文
「ご飯」→「マンマ」、「犬」→「ワンワン」

表5-1　1歳児の発達（運動機能・生活習慣）

月齢	運動機能	生活習慣	遊び	玩具
1歳児 （13か月～24か月）	・歩く ・走る ・跳ぶ ・指さし ・つまむ ・ひろう ・ちぎる ・転がる	・食事は一日3回 ・衣服の着脱を自分でやりたがる ・睡眠のリズムが変わる（午睡2回から1回） ・排泄の自立への意識が高まる	・見立て遊び（つもり遊び） ・象徴遊び	・ままごとセット ・人形遊び
			・ひとり遊び	・パズル
			・並べる	・おはじき
			・積む	・積み木
			・出し入れする	・型はめパズル
			・ひっぱる	・マジックテープはがし
			・丸める	・小麦粉粘土
			・つまむ	・紐通し

2）保育者や友だちとの関わり

❶ 保育者を介して自己表現が可能となると、周囲の友だちやさまざまな事象との関わりが豊かになる

1歳児は、遊びをイメージで楽しみ（象徴遊び・見立て遊び）発展させることができるようになります。井桁（2018）は、「子どもは心身ともに安定していれば、「知りたい」「やりたい」という意欲、人と関わりたいという気持ちが自ずと芽生えてきます」[5] と述べています。保育者は、子どもの「自分が大切にされている」という基本的信頼*6を基盤に、主体的な活動の広がりを援助したり、子どもの率直な思い（わがまま・かんしゃく等）を受容し、生活や遊びのなかで豊かな感性や自己表現ができるように配慮します。

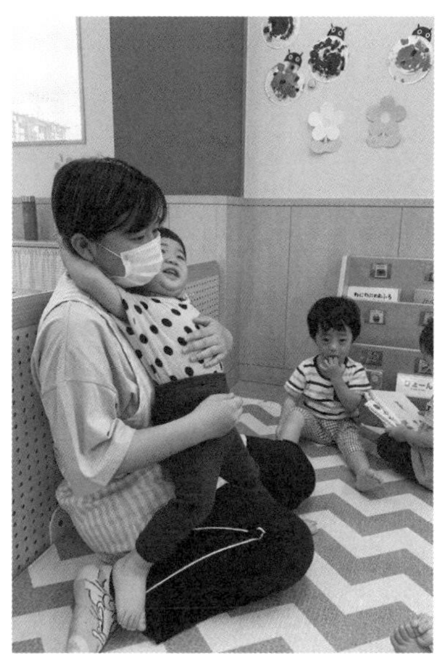

写真5-2　基本的信頼

というふうに、聞き取りやすく、親しみやすい赤ちゃんことば。

＊5 二語文
ふたつの言葉をつなげて言えるということは、その国の国語の文法構造の基礎が獲得でき、主語と述語との関係が理解できたということを表しています。文法がわかり、ことばをつなげられるようになると、「あ、ワンワン」だけだったのが、「ワンワン、きた」（中略）と変化させ、自分が感じていることを、相手に正確に伝えることができるようになります。[4]

＊6 基本的信頼
自分が喜ぶことを相手も喜んでくれる人に育児されたい、という子どもの感情。[6]

2歳児の発達と「環境」

2歳児の発達的特徴を正しく理解するためには、0歳児・1歳児の発達の特性を正しく理解したうえで、さらに、目の前の子ども達の発達を的確に捉えることです。そのうえで、保育者は多様な周囲の「環境」を活用し、発達に応じた保育を展開します。

1）2歳児の発達と特徴

❶ 立体歩行の完成からのさらなる身体機能・運動機能の充実や、生活習慣の自立に伴う自我意識の芽生え

表5-2のように、2歳児は自分の体の動きを自由にコントロールして、さまざまな活動を体験できるようになります。食事や衣服の着脱などの生活習慣も主体性が備わり、「自分で、したい」と表現するようになります。やがて「自分で、できる」と自信をもつようになると、大人の手助けを嫌がる様子が見られるようになります（自我の芽生え）[*7]。

＊7 自我の芽生え
自分の意思や要求を他者に向け、それを通そうとする行為。自分の意思を明確にすることで、自分自身や他者との葛藤を経験する。その経験により精神的な成長を獲得できます。

自我の芽生えとともに周囲との関わりはさらに深まり、知的好奇心が一層高まります。語彙が急激に増え、「せんせい、ほん、よんで」などの、3～4語程度の単語を組み合わせた多語文を話せるようになることで、日常生活での言葉のやり取りは不自由なく表現できるようになります。言葉の広がりから遊びも一人遊びを経て、友だちと関わる遊びへと発展し、排泄の自立が迎えられるまでになります。保育者は幼児期へと移行する子どもの姿を的確に捉えながら、多様な環境を設定し、その成長を援助します。

写真5-3　乳児用トイレ

表5-2　2歳児の発達（運動機能・生活習慣）

月齢	運動機能	生活習慣	遊び	玩具
2歳児 (25か月〜36か月)	・押す ・引っ張る ・投げる ・転がる ・ぶら下がる ・よじ登る ・ジャンプ ・蹴る ・ちぎる ・破く ・貼る	・食事・衣服の着脱が自分の力でできる ・排泄の意思を伝え自分でできるようになる	・絵本のストーリーを自分と適応させる	・絵本 ・紙芝居
			・ボール遊び	・ボール
			・模倣遊び（ごっこ遊び）	・ままごとセット ・人形
			・構成遊び	・パズル ・積み木 ・ブロック
			・制作遊び	・粘土遊び
			・友だちと関わる遊び（ルールのある遊びができる）	・かるた

2）保育者や友だちとの関わり

❶ 自我の芽生えによる周囲への興味関心の広がりで、子どもの社会性は育まれる

2歳児は、簡単な会話が成立するようになると、「やって」などの要求や、「これ、なに？」という質問の場面が多くなります。保育者は子どもの働きかけに対して、応答的な環境であるように努める必要があります。

自己表現が活発になると、友だちとの関係性も深まります。「ままごと遊び」や「規則（簡単なルール）遊び」ができるようになると、楽しい思いが共有され、「また、やろう」と思える絆が育まれます。

遊びのなかでは、「いや」「自分の」などの強い主張が見られるようにもなります。今井（2016）は「特定の気の合う子どもとの生活を通して、相互理解や共感、思いやりのようなものがどのように育っていくかをしっかりと捉え、人と一緒に生活することが楽しいという実感を育てていくことが大切」[7)]と述べています。保育者は会話が未成熟な子どもの思いを丁寧に言語化し、円滑な友だちとの関わりを仲立ちします。こうして、子どもの社会性は、保育者が援助する環境のなかで育まれます。

3 身近な生活や遊びを通した「環境」の展開

1歳児と2歳児の発達の特性を理解したところで、実際に保育を展開し子どもとの関わりを深めていくために、必要な物的環境・人的環境の活用について考えてみましょう。

1）身近な玩具・絵本・遊具との関わり

❶ 身近な物的環境は子どもの発達を助長し成長させる

物的環境は子どもの成長や欲求に応じて、自由に活用できる環境設定が重要です。ここでは1歳児・2歳児が日常的に多く関わる玩具・絵本・遊具について考えてみましょう。

玩具

子どもにとって、表5-1・5-2に示した既存の玩具だけではなく、身近な生活のなかにあるすべての物が魅力的な「おもちゃ」になります。保育者は、子どもが発見を楽しみ、興味をもって充実した時間を過ごせるように、周囲の環境を整え見守ることが大切です。

1歳以上3歳未満児が集中して遊びに取り組むには、工夫が必要です。子どもの働きかけに対して、音が鳴る、光る、動きがあるなどの反応があることや、色彩が鮮やかで子どもの小さな手でも扱える形状であること、大きな力を加えなくても操作が可能となるものなどを考慮します。また、玩具は月齢や発達を考慮することは不可欠ですが、ほかにも時間帯や活動の状況、体調や心の状態、季節や行事などのさまざまな環境に即して、入れ替える配慮

写真5-4　室内遊び

が必要です。

絵本

写真5-5　絵本の読み聞かせ

絵本は未知の世界を疑似体験することができ、想像力・思考力・語彙力を高め感性を豊かにします。また、知識や教訓が描かれている絵本を読むことで、言葉で伝える以上に心に響き情操を高める効果もあります。

絵本を読み聞かせ（クラス単位）するときは、子ども達の誰もがわかる簡単な内容の作品を選ぶことや、季節や時期に配慮すること、本の世界観を壊さないように文字の通りに読むことが大切です。

遊具

遊具は保育室内外に設置されていますが、ここでは園庭（戸外）にある固定遊具についてお話をします。

写真5-6　室内遊び

1歳以上3歳未満児が遊べる遊具は主に「鉄棒」「滑り台」「ブランコ」などです。のびのびと身体全体を動かすことにより運動機能を高め、遊びを通して順番やきまりを守る（道徳性）ことの大切さに気づけるようになります。また、運動は容易く「できた」という実感が得られない場合も多く、努力を積み上げて得る成功体験の喜びは、大きな自信となり次への挑戦の糧となります。さらに、危険なことにあえて挑むことで、その経験が知恵となり成長を助長するといえます。保育者は安全に十分配慮しながら、子どもの挑戦する姿や意欲的な思いを的確に捉えて見守りましょう。

2）自然や動植物との関わり

❶ 子どもは自然や動植物とふれあうことで、生命の神秘や偉大さなどを学び、そこから生きる喜びを実感する＊8

＊8 自然や動植物とのふれあい
「幼児期の終わりまでに育ってほしい姿」のなかでは「自然との関わり・生命尊重」にあたります（詳細は第2章参照）。

子どもが自然とふれあうことで、五感が刺激され感性が豊かになり、身体能力・運動機能が高まります。また、自然は子どもからの働きかけに必ず応答し、さまざまな学びを与えてくれます。たとえば、水溜まりに足を踏み入れると、泥水が跳ね上がりその現象や感覚を楽しむことができます。

写真5-7　戸外遊び

身近な生き物と関わることで、人への思いやりや慈しみの心を育むことにも繋がります。たとえば、ウサギを飼育することで、親しみの心を通わせ命を感じ、生命の尊さに気づく経験や学びとなります。

植物からは、成長の喜びや自然の概念を知るよい機会を得ることができます。保育者は子どもの発達・発育に応じて、主体的なふれあいができる環境を構成します。

3）季節や日本の文化との関わり

❶ 保育者の準備や工夫で季節や文化を通した環境を整える

日本には四季があります。季節の変化で同じ場所でも楽しめる遊びが変わることや、出会える動植物に違いがあるということなどが学べます。

保育室のなかでも、保育者が日々の生活のなかで季節を感じられるように表現し伝えることができます。たとえば、季節の歌や手遊びをすること、絵本・図鑑・写真などを掲示することや壁面構成を工夫すること、戸外で見つけた木の実を活動に組み入れ楽しむことなど、無限に展開できます。

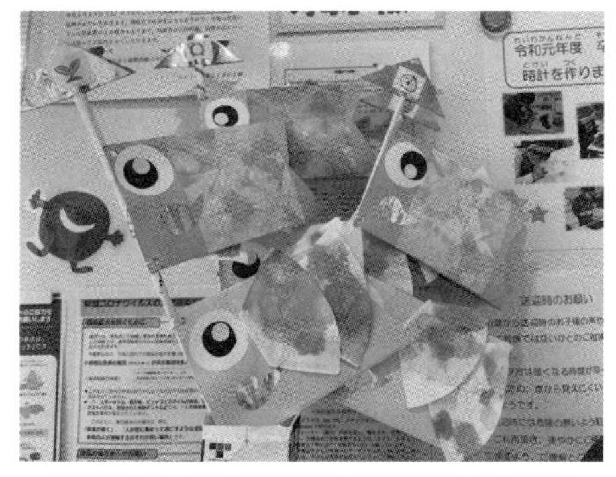
写真5-8　日本の文化を意識した制作

また、日本は季節の行事を伝統的に行う文化があります。たとえば、春には「端午の節句」があり、園では「兜」を制作し「五月人形」を飾り祝うこともあるでしょう。こうした、季節の行事を体験することは、日本古来の文化に対して、興味や関心を寄せるよい機会となります。保育者は季節の変化や日本の文化と関わる環境を上手に活用し、子ども達が楽しく活動できる効果的な環境の構成を、日頃から図っていくことが大切です。

4 事例
事例・演習問題

事例1　季節ならではの環境を活かした活動（水遊び）は貴重な体験

園庭のジャブジャブ池に水を溜めていると、Aくん（2歳10か月）が蛇口から出てきた水を足で止めたり離したりしながら、勢いよく水がかかることを楽しんでいた。その様子を見たBくん（2歳8か月）が駆け寄り、喜んで一緒に遊び始めた。近くで二人の様子を見ていたCくん（2歳5か月）やDちゃん（2歳8か月）にも、少し水しぶきがかかる。はじめは嫌がる様子であった二人も、やがて笑顔になった。

解説

Aくんは水遊びが大好きで、以前から主体的に遊ぶ姿がありました。BくんもAくんの楽しそうな姿を見て、一緒に遊び始めます。水しぶきはキラキラと太陽の光に照らされ、その状況と楽しい気持ちが重なり、より一層動きが活発になりました。CくんやDちゃんも二人の様子を見ているうちに、実体験が伴わなくても楽しい気持ちが共有され、笑顔になりました。子どもが体験した楽しい気持ちは、次への活動の原動力となります。

水遊びは十分な安全対策が必要です。定められた安全マニュアルに従い、活動することが必須です。内容としては、①事前準備、②健康管理、③安全点検・管理、④衛生管理などの徹底です。

写真5-9　水遊び

演習問題 雪遊びを嫌がる子どもへの対応

雪遊びをしようと戸外に出ると、Ｅちゃん（２歳９か月）が「さむい、あそびたくない」と泣き出した。近くで友だち達は雪を集めて、担任と雪山をつくって楽しそうに遊んでいる。

引用文献

1）榊原洋一・今井和子編著『今求められる質の高い乳児保育の実践と子育て支援』ミネルヴァ書房, p.121, 2006年
2）白井桂一『ジャン・ピアジェ』西田書店，p.62，2005年
3）森上史朗・柏女霊峰『保育用語辞典』ミネルヴァ書房，p.268，2004年
4）汐見稔幸・榊原洋一・中川信子『はじめて出会う育児の百科』小学館，p.551，2003年
5）井桁容子・岩井久美子・汐見稔幸『０・１・２歳児からのていねいな保育 第２巻――毎日の保育をより豊かに――保育の基本』フレーベル館，p.28，2018年
6）佐々木正美『子どもへのまなざし』福音館書店，p.92，2011年
7）前出１），p.138

参考文献

◆ 榊原洋一・今井和子編著『今求められる質の高い乳児保育の実践と子育て支援』ミネルヴァ書房，2006年
◆ 汐見稔幸・榊原洋一・中川信子『はじめて出会う育児の百科』小学館，2003年
◆ 汐見稔幸・小西行郎・榊原洋一編『乳児保育の基本』フレーベル館，2007年
◆ 汐見稔幸監・鈴木八朗編著『発達のサインが見えるともっと楽しい０・１・２さい児の遊びとくらし』メイト，2018年

写真協力

◆ 神奈川県川崎市ぶどうの実第２さぎぬま園

コラム

子どもの心に寄り添うことの大切さを感じた瞬間（園庭遊びから保育室に戻りたがらない子どもとのエピソードより）

Ｅくんは園庭に出ると、「まだ、あそぶ」と言ってすぐに保育室へ戻ろうとはしません。ですから、結果として遊具の片付けは、最後まで園庭に居残るＦ先生（Ｅくんの担任）の日課となっていました。

いつものようにＦ先生が片付けをしていると、Ｅくんが四輪車を担いできました。「Ｅくん、ありがとう。重いでしょ」と話すと、はにかむ笑顔で「Ｅくん、力もちだから、せんせいをまもるよ」と言うのです。

当初、Ｆ先生は保育室に入ろうとしないＥくんを、いかに納得させるかを考えていました。けれども、ある時点でＥくんが、いかに納得するかなのだと気付きました。この気持ちや対応の変化で、Ｅくんの気持ちもＦ先生に向かい、心が通ったのだと思います。

Ｆ先生は新人教諭であった私です。今でも、「子どもの心に寄り添うことの大切さ」を感じるたびに、Ａくんの笑顔を思い出します。皆さんにも保育者としての喜びを、保育の現場でたくさん感じてほしいと思います。

第6章 3歳以上児の発達と「環境」

本章の構成

3歳以上児の幼児期の子どもたちにとってふさわしい環境とはどのようなものでしょうか。また、幼稚園・保育所・幼保連携型認定こども園の幼児教育施設としての役割と実際の保育の展開はどのように結びついていくのでしょうか。本章では、3歳～5歳児の子どもたちにとっての環境づくりと保育者に求められる指導・援助について考えていきましょう。

3歳児の発達と「環境」

ここでは、3歳児の発達について見ていきながら、3歳児にとってのふさわしい人的環境と物的環境について学んでいきます。この時期の子どもたちは、自分の力でできることが増えてきますが、まだまだ保育者の援助や見守りが必要な時期となります。子どもたちの意欲を受け止めながら、集団での友だちとの関係を支えるために、求められる保育者の役割について考えながら、一緒に学んでいきましょう。

1）3歳児の発達と特徴

表6-1は3歳児の発達と特徴を示したものです。こちらの表を踏まえて、次の「2）3歳児の生活・遊びと環境の展開」についてみていきましょう。

2）3歳児の生活・遊びと環境の展開

ここでは、3歳児の子どもの成長発達にふさわしい環境づくりについて、保育者の関わりとともにみていきましょう。

❶ 3歳児にとってふさわしい人的環境と物的環境とは

3歳児は理解できる語彙（ごい）の数が増え、自我が発達するなかで、身の回りのことを行うときだけではなく、さまざまな遊具を使って遊ぶ場面においても、自分の力だけでやってみたいという意欲をもつようになります。たとえば、生活の場面では、「自分一人でできる」といった気持ちが育ち、時間をかけて着替えに取り組む姿が見られるようになります。この時、保育者は子どもの主体性をできる限り尊重し、その姿を見守ることが望ましいでしょう。

表6-1　3歳児の発達と特徴

生活場面における発達	・食事や排泄、衣類の着脱などの身の回りのことが自分でできる。 ・靴の脱ぎ履きや衣服の脱ぎ着ができ、ボタンをはめられるようになる。 ・箸に興味をもち、使ってみようとする。 ・言葉の発達により、友だちとの関わりが多くなるが、実際には同じ場所で友だちと同じような遊びをそれぞれが楽しんでいることが多い。
身体的な発達	・両足跳び、ギャロップ、投げる、転がる、蹴るなどの基本的な運動機能が備わる。 ・全身でバランスが取れるようになり、体を十分に使った遊びを好むようになる。 ・平均台などの細くて狭いところをゆっくり歩けるようになる。 ・リズム遊びの音楽に合わせて、つま先で歩けるようになる。
言語面における発達	・語彙数が大幅に増え、友だちやおとなとの会話がスムーズに行えるようになる。 ・生活に必要な挨拶などを自分から行えるようになる。
知的好奇心の発達と遊び	・身近なものや自然事象等に見られる変化に気づき、知的好奇心が芽生え、「これは、どうしてこうなるの」「何でだろう」といった疑問をもち、周りに尋ねるようになる。 ・絵本や童話などの内容が分かり、イメージをもち、楽しんで聞けるようになるだけでなく、その時に感じたことや考えたことを自分なりに表現して楽しめるようになる。 ・絵を描くと、丸や線を多用して頭足人を描くようになり、製作ではハサミ等の道具を使って、簡単な作品をつくるようになる。

また、遊びの場面では、気の合う友だちどうしで遊ぶ時間が少しずつ長くなるこの時期、保育者は時に子どもの遊びに参加し、時に子どもの姿を見守ることが大切です。そして、保育者には子どものもつイメージを理解し、そのイメージを実際に遊びのなかで再現し、更に遊びが楽しく発展するようふさわしい言葉かけや働きかけ、必要な環境の整備や設定を行う力が求められます。

このように、保育者は自身が子どもにとっての人的環境であり、遊びの発展を助長するための物的環境を整える重要な存在となるのです。

❷ 3歳児の環境づくりのポイントと保育者の指導・援助

(1) 音楽を使った遊びやリズム遊びを楽しむ

好きな音楽に合わせて全身を使って踊ったり、リズムに合わせて歩く・走る・両足跳び・手拍子などの動作を取り入れることで、音楽に触れることを楽しむ時間を作りましょう。じゃんけんのルールが理解できるようになると、音楽に合わせてゲームも行えるようになります。音楽に合わせて全身を使って表現したり、動作やリズムに集中することで集中力や協調性が育まれます。

⑵ 自分の名前・色・形・数・大小などに関心をもつ機会を作る

写真6-1 異年齢児による縄跳び遊びの風景

靴箱に書かれた名前がわかる、育てている苗や花の色を知る、好きな玩具を並べて数えてみる、同じ形で大きさの違うお皿を並べて大小の違いを考えてみる。遊具や身近にあるものを使って、自分の名前や色・形・数・大小の違いについて関心をもつ機会をもち感覚を育みます。こうした取り組みが自然な形で、就学後に出会う数字や文字に関わる際に必要な感覚を豊かにしていきます。

⑶ 子どもが自分の言葉で気持ちを伝えられるように

遊びの場面では友だちに自分の気持ちが上手く伝えられず、トラブルが発生します。そんな時に保育者は、子どもが葛藤する気持ちを見守りつつも、必要に応じて適切な援助を行い、子どもたちどうしでトラブルを解決できる力を育むことが大切です。そのために日常における子どもとの会話のなかで、子どもが答えやすいような質問の仕方を心がけ、子どもが上手く自分の思いを伝えられない時には気持ちを代弁する等の工夫が大切です。

4 歳児の発達と「環境」

ここでは、4 歳児の発達についてみていきながら、4 歳児にとってのふさわしい人的環境と物的環境について学んでいきます。この時期の子どもたちは、友だちどうしでの関わりが多く見受けられるようになります。そうした関係性のなかで喧嘩などのトラブルも起こりますが、生活や遊びのなかにルールや決まりの大切さに気が付いたり、友だちの気持ちを察したりする力もついてくるようになります。そうした 4 歳児の時期における保育者の役割について、一緒に学んでいきましょう。

1） 4 歳児の発達と特徴

表6-2は 4 歳児の発達と特徴を示したものです。こちらの表を踏まえて、次の「2） 4 歳児の生活・遊びと環境の展開」についてみていきましょう。

2） 4 歳児の生活・遊びと環境の展開

ここでは、4 歳児の子どもの成長発達にふさわしい環境づくりについて、保育者の関わりとともにみていきましょう。

❶ 4 歳児にとってふさわしい人的環境と物的環境とは

4 歳児になると、相手の気持ちがわかり少しずつ自分の気持ちに折り合いが付けられるようになり、保育者を介さない友だちとのつながりも強まっていきます。したがって、保育者には子どもたちが進んで自分の身の回りのことを行いやすい環境設定や、感動や発見が積み重ねられる体験を可能にする環境づくりに配慮することが求められます。同時に子どもどうしでも活動に取り組もうとする姿を見守ることが増えてきます。子どもた

表6-2　4歳児の発達と特徴

生活場面における発達	・基本的生活習慣（食事・睡眠・排泄・着脱・清潔の保持等）の自立。 ・自分で脱いだ衣服を上手にたたむことができる。 ・裏返しになった衣服を直したり、裾が飛び出していることに気が付いて、入れ直そうとする。 ・けがや病気の予防への意識が芽生え、自分で体調の変化に気付き、保育者に伝えられるようになる。 ・自分の周りの家族や友だち、保育者との関係性がわかりはじめ、友だちとの関係性などを意識するようになる。 ・食事や集団活動の場面では、友だちや保育者と楽しい雰囲気のなかで落ち着いて過ごし、集中して活動に取り組む姿が多くみられるようになる。 ・自分から簡単なお手伝いをするようになり、おとなにほめられることで、人の役に立つことに嬉しさを感じるようになる。
身体的な発達	・全身のバランスをとる能力が発達し、体の動きが更に巧みになる。 ・スキップや片足でケンケンができるようになる。ボールを片手で投げたり、投げられたボールを両手でキャッチできるようになる。鉄棒や雲梯を使って、ぶら下がったりできるようになる。 ・遊びの種類が広がり、遊ぶ時間も継続するようになる。 ・それまで抵抗があったどろんこ遊び等にも意欲的に取り組もうとする。
想像力の広がりと友だちとの関係性	・イメージが広がり、そのイメージを友だちと共有することで、更に想像力が広がりを持つようになる。 ・実際の生活や遊びのなかで体験したことと、紙芝居や絵本などを読んだり聞いたことを友だちとイメージを共有しながら、それらを融合し、ごっこ遊びへと発展させて遊びを楽しむようになる。

ちの主体性を育むためには、保育者が過剰に働きかけ過ぎずに見守ることが大切となります。

❷ 4歳児の環境づくりのポイントと保育者の指導・援助

(1) 積極的に自然環境に関わり、物や動植物の特性を知る機会をつくる

子どもたちは、水、砂、土、草花、木、木の実、昆虫等の身近な自然に興味を示し、積極的に関わる姿が見られます。熱心に泥を盛ってトンネルをつくり水を流したり、葉っぱや木の実を採取して料理の材料に見立てることで、自らの五感を働かせ、実際に目で色彩や形状を認識し、手で感触を確かめているのです。こうして、子どもは物や動植物の特性を知り、より豊かな関わり方や遊び方を体得していくのです。

(2) 遊びたくなるような道具や素材を準備する

保育者は子どもがイメージをもって表現をしたいと感じた時に、いつ

でも道具と多種多様な素材を手に取ることができる環境を用意する必要があります。「幼児期の終わりまでに育ってほしい姿[*1]」[1)2)3)]の10項目中「⑽ 豊かな感性と表現」[4)5)6)]では、「心を動かす出来事などに触れ感性を働かせる中で、様々な素材の特徴や表現の仕方などに気付き、感じたことや考えたことを自分で表現したり、友達同士で表現する過程を楽しんだりし、表現する喜びを味わい、意欲をもつようになる。」[4)5)6)]と示されています。

＊1 幼児期の終わりまでに育ってほしい姿
第 2 章参照。

⑶ 友だちと一緒に積極的に戸外遊びを行う

全身のバランスをとる能力が発達し、体の動きが巧みになり、さまざまな運動や遊びに積極的に自分から取り組むようになる時期です。遊具や用具の使い方にも慣れ、気の合う友だちどうしで簡単なルールのある遊びを楽しめるようになり、進んで戸外遊びをするようになります。子どもが身体を動かす楽しさを感じられるよう、遊具をいつでも安全に使用できるような配慮が必要です。保育者は子どもが運動して疲れた際に、自分で気が付いて体を休められるように働きかけましょう。また、少し難しいことにも挑戦する機会をつくり、子どもが遊びを通して達成感を味わい、自信につながるような遊具や音楽などの環境づくりを行いましょう。

3 5歳児の発達と「環境」

ここでは、5歳児の発達についてみていきながら、5歳児にとってふさわしい人的環境と物的環境について学んでいきます。この時期の子どもたちは、友だちどうしでの関わりが多く見受けられるようになります。そうした関係性のなかで喧嘩などのトラブルも起こりますが、生活や遊びのなかにあるルールや決まりの大切さに気が付いたり、自分から友だちに気持ちを伝えるだけではなく、友だちの気持ちを察したりする力もついてくるようになります。そうした5歳児の時期における保育者の役割について、一緒に学んでいきましょう。

1）5歳児の発達と特徴

表6-3は5歳児の発達と特徴を示したものです。こちらの表を踏まえて、次の「2）5歳児の生活・遊びと環境の展開」についてみていきましょう。

2）5歳児の生活・遊びと環境の展開

ここでは、5歳児の成長発達にふさわしい環境づくりについて、保育者の関わりとともにみていきましょう。

❶ 5歳児にとってふさわしい人的環境と物的環境とは

5歳児になると、少しずつ社会のルールやマナーを理解しはじめます。生活場面で年長児として年下の友だちをお世話したり、保育者の手伝いを行う機会を意図的に設定しましょう。また、就学に向けて文字や数字、読み書き等にも興味をもつようになります。保育者は子どもの目が触れやすい壁の場所にお知らせを掲示したり、時計を見て見通しをもった行動ができるよう環境設定を行うことで、就学後の子どもたちの姿を見通した援助

表6-3　5歳児の発達と特徴

生活場面	・基本的生活習慣が確立し、一通りの生活に必要な行動を自分で行えるようになる。 ・食事の場面では上手に箸を使って食べ物をこぼさずに食べられるようになり、友だちと会話を楽しみながら、食事を時間通りに終えられるようになる等、食事のマナーやルールが大切であることがわかり守れるようになる。 ・おとなの言葉かけが無くても、時計の針がさす数字を見て時間を理解することもできるようになり、1日の生活の流れを見通せるようになる。 ・自分が次に何を行う必要があるのかを理解して、食事・着脱・排泄・手洗い等の清潔の保持・片付け等を自分から進んで行おうとする。 ・園内で使用する遊具や家具等を、皆で共有して使う物であることを理解した上で大切に扱ったり、自分のロッカーや道具箱を整理したりすることで、自分で生活の場を整えられる力も身に付いてくる。
身体的な発達	・運動機能が高まり、ほぼおとなと同じような体の動きが可能になる。 ・少し複雑な動きを組み合わせた運動も上手に行えるようになる。 ・全身を使って勢いよく走るリレーや、両足の屈伸力を活かしたブランコの立ち乗り、タイミングを見計らって両足跳びを持続させる大縄跳び等が楽しくなる。 ・指先の細かい動作が滑らかになり、ハサミや鉛筆、水彩で使う筆等のさまざまな道具を使いこなせるようになる。
言語面での発達	・自分が考えたことや見たこと、経験したことを、友だちどうしで伝え合うようになる。 ・時には友だちの前で活発に話をしたり、保育者の話をじっくりと聞く場面が増えてくる。 ・友だちどうしで、格好よいと思った言葉使いを真似したり、共通の言葉を使うなかで、互いに遊びのイメージや目標を共有する様子が見られるようになる。
友だちとの関係性	・友だちとルールのある遊びを長時間楽しめるようになる。 ・自分のことだけでなく、友だちや保育者の役に立つことが嬉しくなり、年下の友だちにやさしく接してお世話をしたり、保育者の手伝いをすることで、お礼を言われたり褒められることにより、そのことを誇らしく感じて、自分の行いに自信をもてるようになる。 ・友だちとの関係性のなかでさまざまな体験を積み重ね、相手の気持ちになって考え、相手を気遣えるようになる。

を行います。

❷ 5歳児の環境づくりのポイントと保育者の指導・援助

⑴ ダイナミックな活動ができる機会や場所を用意する

5歳児は友だちと知恵を出し合い、力を合わせて、目当てに向かって取り組みをやり遂げることで喜びを感じるようになります。木製ブロックのカプラを大量に使った作品や、夏の泥遊びでは山や川・海をイメージして大作をつくる場合には、作品づくりを保障する場所や空間が必要となります。そうした機会や場所が用意されていることで、子どもは思いをのびのびと表現でき、達成感や友だちと互いの頑張りを認め合えるようになるのです。

(2) じっくりと時間をかけて活動が行える環境を整える

「幼児期の終わりまでに育ってほしい姿」[1) 2) 3)]の「(2) 自立心」[7) 8) 9)]では、「自分の力で行うために考えたり、工夫したりしながら、諦めずにやり遂げることで達成感を味わい、自信をもって行動するようになる。」[7) 8) 9)]と示されています。例えば、こままわしや竹馬などは、じっくりと時間をかけて練習を積み重ねることで、技を身に付けられる遊びです。ですから、時間を制限されることなく、長時間かけて遊びに没頭できる時間を保障することが大切です。また保育者も、子どもがその遊びを魅力的に感じられるよう、そうした技を磨いておきましょう。

(3) 数や文字に親しむ環境づくり

＊2 幼児期の終わりまでに育ってほしい姿
第2章参照。

「幼児期の終わりまでに育ってほしい姿＊2」[1) 2) 3)]の「(8) 数量・図形・文字等への関心・感覚」[10) 11) 12)]では、「遊びや生活の中で、数量や図形、標識や文字などに親しむ体験を重ねたり、標識や文字の役割に気づいたりし、自らの必要感に基づきこれらを活用し、興味や関心、感覚を持つようになる」[10) 11) 12)]と示されています。幼児期には、遊びや生活のなかから数字や文字に関心を持つことが大切です。たとえば朝、職員室に出席人数を報告するお当番、玩具を決められた量ごと分けて片付ける、といった生活場面においても量の多い・少ない、大きい・小さいといった体験を繰り返すなかで、数や量の概念を育んでいきます。保育者には、数や文字に対する子どもたちの興味や気付きを導くような機会をつくることが求められるでしょう。

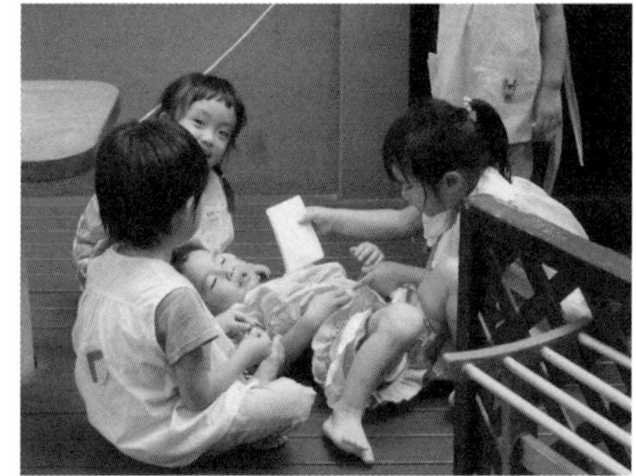

写真6-2　大丈夫ですか～？（お医者さんごっこ・5歳児）

個別への関わりと集団における発達への援助

これまで、3歳児以上の子どもたちの発達の特徴とふさわしい保育者の援助について学んできました。乳児期の子どもは、信頼できる保育者を中心としたおとなとの関わりのなかで支えられ、安心して過ごせる環境が保障されてきました。そして幼児期になると、周りの友だちとの関わりが生まれ、集団での取り組みが大きな割合を占めるようになります。個別での関わりも集団での関わりもどちらも大切なものです。第4節では、個別と集団での子どもの姿に応じた保育者の役割について学んでいきましょう。

1）幼児期における個の発達と集団における発達

幼児期の子どもは、それぞれが自らの興味・関心に従って自由に活動しながらも、同じ興味・関心をもつ友だちどうしが集団となり遊びが展開していきます。保育者はそうした子どもたち一人ひとりの考えや工夫、遊びが展開するまでの試行錯誤を把握しておく必要があるでしょう。そうして、子どもの個性を尊重しつつ、集団として充実した形で遊びが展開するよう、必要な遊具や用具を事前に準備し、十分な時間を保障することが求められます。また、保育者は子どもの年齢やその発達段階、その日の子どもの姿に応じて、関わり方を変えていく必要があるでしょう。

たとえば、3・4歳児クラスの合同で泥んこ遊びが流行し、毎日のように行われていたことがありました。遊びが始まった頃には、泥の独特な感触に抵抗感を感じて遊びを傍観する子がいます。泥んこに触ることに不安を感じている子には、少し離れた場所に落ち着いて水遊びができる環境を設定するなどして、個々の遊びを保障することも大切でしょう。一方で泥が水を含む性質やその感触が楽しくて遊びに興じる子もいます。

そうして遊びを繰り返すなかで、4歳児は友だちどうしで泥だんごを商品に見立てたお店屋さんごっこが始まり、たくさんの泥団子をつくって台車に載せて売りに出かけていきます。3歳児はその様子を見て、自分も仲間に入りたいと思いますが、上手くその思いを伝えることができません。そこで、保育者は3歳児の気持ちを4歳児に伝え、一緒に泥団子を作ったり、売られてくる泥団子を買う側に回りつつ、遊びが成立するよう進行を見守るのです。数日後には、保育者を介さずに、3・4歳児だけで遊びが成立する場面も見受けられるようになりました。

保育者の役割は子どもが主体的に遊びを展開し、自らの働きかけによって友だちとの関係を築くことを援助することです。そのためには、日々子ども一人ひとりの様子、集団活動の様子を観察するだけでなく、自分の行動が与える子どもへの影響について、エピソード記録等を通して自らを振り返ることで、自己省察していく必要があるでしょう。

2）子どもの主体性を保障するための保育者の支援とその役割

先述のように、2018（平成30）年3月より「保育所保育指針」「幼稚園教育要領」「幼保連携型認定こども園教育・保育要領」が施行されました。幼稚園教育では1947（昭和22）年に施行された学校教育法第22条において、「幼稚園は、義務教育及びその後の教育の基礎を培うものとして、幼児を保育し、幼児の健やかな成長のために適当な環境を与えて、その心身の発達を助長することを目的とする」また、保育所では保育指針において、保育所のもつ役割として、「保育所は、その目的を達成するために、保育に関する専門性を有する職員が、家庭との緊密な連携の下に、子どもの状況や発達過程を踏まえ、保育所における環境を通して、養護及び教育を一体的に行うことを特性としている」[13]と記されており、双方に「環境」を通して教育・保育を行うことが規定されています。2017（平成29）年の改正で、これまで以上に教育と保育において環境が重視されるようになったのです。それに伴い、保育者は子どもが「面白そう」「やってみたい」という気持ちになるような環境づくりを行うだけでなく、子どもが安心して生活できる、子どもの育ちを支える環境づくりを行うことが明確に示されたのです。また、「子どもの最善の利益」[*3 14) 15)]（つまり、その時の子どもにとって一番良いこと）という考え方に基づいて、子どもが主体

＊3 子どもの最善の利益
第3章参照。

的に活動できる環境を用意する必要があります。そのため、保育者には子どもの健やかなの育ちを捉える力と子どもの育ちを活かすことができる力の双方が求められているのです。

5 事例 事例・演習問題

事例1 テントウムシがいるよ（3歳児）

５月のぽかぽかと温かい日に、いつもより少し遠い公園に出かけた。緑道に差し掛かるとＡ君が足を止め、じっと植え込みを見つめていた。「どうしたの？」と声をかけると、「先生、テントウムシがいるよ」と嬉しそうに教えてくれた。この様子を見て、ほかの子どもたちもテントウムシに興味をもち覗きこんだ。Ｂちゃんもほかの草花に止まったテントウムシを見つけて、「僕も見つけたよ」と保育者に伝えに来た。「Ａ君が見つけたテントウムシはお背中が黄色だね。Ｂちゃんのは？」と尋ねると、「いっぱい点々がついてる…」と興味深めにテントウムシを見つめていた。この日、保育士は目的地を変更し、しばらくの間、子どもたちと虫探しを楽しんだ。

解説

Ａ君やＢちゃんのテントウムシの発見がきっかけで、ほかの子どもたちも昆虫への興味を示します。そこで、保育者は子どもたちが昆虫の色や形に興味をもてるような言葉かけをすることで、更に友だちどうしが共通の話題で共感できるよう見通しをもった働きかけをしていることがうかがえます。この日、保育者は子どもたちの状況をみて、遠出の散歩よりも近隣の緑道での自然とのふれあいの時間を大切にすることにしたそうです。

事例 2　仲間に入りづらいC君（5歳児）

園庭で紅組と白組に分かれてドッジボールを行う子どもたち。紅組の一人であるC君はなかなかボールが取れない悔しさもあり、遊びが面白くない様子。ところが、C君の前に突然ボールが転がってきた。C君が咄嗟に両手でボールを掴むと、周りの仲間たちから、「C君頑張れ！」「紅組ファイト」とかけ声があがった。保育者も思わず、「やった！」とC君に言葉をかけた。仲間や保育者の声援に励まされるように、C君は思い切りボールを投げることができた。

解説

ドッジボールに参加していたC君が、なかなか積極的に動くことができず、ボールが取れないことを悔しがる姿を保育者は見ていました。しかし、保育者はC君の様子を少し離れたところから見守り続けます。保育者はC君自身が課題を解決して、友だちと遊ぶことが心から楽しいと感じられるようになるのを見守っていたのです。その後、予期せずボールをキャッチしたC君に、保育者は嬉しくて思わず言葉をかけます。子どもの主体性と力を信じて見守り続ける保育者の姿がそこにあります。

演習問題

学生どうしで自分たちが保育園や幼稚園に通っていた時に、保育者の関わりで嬉しかったこと、悲しかったことをたずね合ってみましょう。その際には相手の話を傾聴、共感するよう心がけましょう。そして、自分が保育者や子どもの立場となって、それぞれの場面でどのような援助・指導が必要だったのか、そう考える理由（援助・指導の目的について）を考えてみましょう。

引用文献

1）厚生労働省『保育所保育指針解説 平成30年３月』フレーベル館，p.62，2018年
2）文部科学省『幼稚園教育要領解説 平成30年３月』フレーベル館，p.50，2018年
3）内閣府・文部科学省・厚生労働省『幼保連携型認定こども園教育・保育要領解説 平成30年３月』フレーベル館，p.48，2018年
4）前出１），p.83
5）前出２），p.72
6）前出３），p.72
7）前出１），p.66
8）前出２），p.56
9）前出３），p.52
10）前出１），p.78
11）前出２），p.68
12）前出３），p.63
13）前出１），p.14
14）前出１），p.1
15）前出２），p.18

参考文献

◆ 厚生労働省『保育所保育指針解説 平成30年３月』フレーベル館，2018年
◆ 宮里暁美監『０－５歳児 子どもの「やりたい！」が発揮される保育環境――主体的・対話的で深い学びへと誘う』学研プラス，2018年
◆ 文部科学省『幼稚園教育要領解説 平成30年３月』フレーベル館，2018年
◆ 内閣府・文部科学省・厚生労働省『幼保連携型認定こども園教育・保育要領解説 平成30年３月』フレーベル館，2018年
◆ 高山静子『学びを支える保育環境づくり――幼稚園・保育園・認定こども園の環境構成』小学館，2017年

コラム

3歳児の「いやだ！」に寄り添う

3歳児クラスは水遊びが終わって着替えの時間です。するとDちゃんがロッカーに着替えがないと知らせてくれました。担任は保育園の服を貸し出すことにしますが、Dちゃんは「○○○（キャラクター名）じゃないから、いやだ！」と服を着ることを嫌がります。担任は少し困った様子でしたが、Dちゃんの傍に行き、問いかけ、相談を始めました。「そうか。Dちゃんは○○○の服が着たかったんだね」「水遊びで濡れちゃったんだけど、どうしようか」「外に干したら、お昼寝してる間に乾くかも」……すると、Dちゃんは自分から、「乾いたら着れる？」と担任に尋ね、服が乾くまで別の服を着ることに納得しました。担任とDちゃんは、2人でハンガーを探してテラスの柵に服をかけると、Dちゃんは先に給食の準備をしていた友だちのところへ戻って行きました。

3歳児の時期は子どもの意志が強くなり、自己主張するようになります。時折、子どもの側もよくわかったような口ぶりで、おとなの反応を試す様子も見受けられますが、3歳児はまだ幼いため、保育者や友だちの力を借りることで物事を理解するといったことが必要です。保育者も子どもに「いやだ！」を連発されると、つらくなりますよね。こういう時には、少し時間を置いたり、関わる人を代えて、子どもに接することで、子ども自身も気分を変えて考えることができる場合があります。大切なのは、子どもが上手く伝えられない気持ちをくみ取って代弁することなのです。

第7章

5歳児後半の環境と小学校との接続

5歳児後半の時期の子どもたちにとってふさわしい環境と学びを提供するためには、何が必要なのでしょうか。本章では、以下の流れで就学前の子どもたちにとっての環境づくりと保育者に求められる保育内容とその目的について考えます。

本章の構成

1　5歳児後半の子どもの姿と就学に向けての基盤づくり

1）5歳児後半の子どもの姿
2）小学校就学後の子どもの生活と学習に向けての準備

❶自立する力　❷学習する力　❸思考する力

2「保育所保育指針」「幼稚園教育要領」「幼保連携型認定こども園教育・保育要領」と「小学校学習指導要領」の改定（訂）と「環境」を通して実施される幼児教育・小学校教育

1）「保育所保育指針」「幼稚園教育要領」「幼保連携型認定こども園教育・保育要領」と「小学校学習指導要領」の改定（訂）

❶改定（訂）の目的　❷改定（訂）のポイント　❸「小学校学習指導要領」改訂のポイント

2）環境を通して行われる幼児教育から子どもの主体性を大切にした小学校教育へ

❶資質・能力を育む　❷環境づくりを通して行われる保育・教育　❸主体的・対話的で深い学び

3　保育所・幼稚園・幼保連携型認定こども園の小学校との接続

1）幼児期と児童期をつなぐ保幼小接続
2）幼児期における教育との接続に向けた小学校入学後の教育課程【スタートカリキュラム】
3）保育所・幼稚園・幼保連携型認定こども園の子どもたちと小学生の交流

❶さいたま市「保幼小連携プログラム」「接続カリキュラム」
❷世田谷区版アプローチ・スタートカリキュラム

4　事例・演習問題

コラム

1 5歳児後半の子どもの姿と就学に向けての基盤づくり

近年、国際的にも自尊心や忍耐力、自己を制御するといった社会情動的スキル[*1]（学びに向かう力）や非認知的能力[*2]（「目標や意欲、興味・関心をもち、粘り強く、仲間と協調して取り組む力や姿勢」[1)]）を幼児期に身に付けることが、おとなになってからの生活に大きな影響を与えることが研究によって明らかになってきました。こうした流れを受けて、すべての子どもが主体的に健やかに成長することができるよう、質の高い幼児教育を提供することが一層求められています。

＊1 社会情動的スキル

自分から積極的に学びに向かい、見通しをもってやり遂げる力のこと。幼児期から青年期までの間に伸ばすことができるといわれていて、将来の他者との関係性のなかで、協働して課題を解決する力につながっていくとされています。

＊2 非認知的能力

IQなどで測定できない「目に見えない力」のことで、人間の脳が構築される6歳までに獲得できる力といわれています。具体的には、主体性や社会性、好奇心や想像力、忍耐力や回復力、優しさや思いやり、共感する力等の人間が「生きる力」ともいえるものです。

1）5歳児後半の子どもの姿

5歳児後半の子どもたちは、夏のプールや大きな園行事である運動会や生活発表会等を体験していくなかで、友だちが活動に取り組む姿に刺激を受け、それまでは苦手で難しいと感じてきたことにも自分から挑戦してみようとする姿を見せるようになります。また日々の生活や遊びの場面、行事等の集団での取り組みの場面では、友だちと一緒に協力して行う集団活動を通して、クラスの仲間の一人として自分の力を存分に発揮して活動に携わることへの満足感や充実感を味わうようになります。このような体験を通して自信を深めていくなかで、次の活動への意欲へとつながる時期でもあります。

たとえば、年下の友だちのクラスに行き午睡前後の着脱を手伝う機会を継続的にもつことで、自分よりも年下の友だちを可愛いと感じて役に立ちたいと考えるようになります。こうした異年齢との交流を重ねながら、一緒に散歩に出かけたときに年下の友だちが転んだ際には、自然に相手を心配して優しく接するなど頼もしい姿が見られるようになります。

また、誕生日を過ぎて6歳になる頃には、縄跳びを使った二重跳びや、跳び箱を跳べるようになったり、一輪車に挑戦し乗れるようになるなどさまざまな道具を使った運動遊びに意欲的に挑戦するようになります。そして、手指の繊細な動きが可能となり、実際に自分が体験したことや見た景色を思い起こし、さまざまな用具を用いて具体的なイメージをもち、描き表現することを楽しむようになります。また遊びや生活のなかで目にする文字や数字に興味をもつようになり、園生活のなかで文字や数字を使うことの意味についても学ぼうとする時期となります。たとえば、子どもどうしで行う手紙ごっこや絵本を読むといった機会や「朝の会」での出欠確認などの場面を通じて、子どもたち自らが必要に応じて、文字や数字を自然に取り入れようとする姿が見られるようになっていくのです。

2）小学校就学後の子どもの生活と学習に向けての準備

小学校に入学すると、新しい生活のなかで、「自立する力」「学習する力」「思考する力」を身に付けていくことになります。それまでに保育所や幼稚園、認定こども園における保育・教育においては、どのような準備・環境づくりを行うことが求められているのでしょうか。

❶ 自立する力

小学校に入学すると、これまでの園生活とは異なり、決められた授業時間を中心とした生活や活動の流れになります。そのため、子ども自身がさまざまな活動場面に合わせて判断して行動したり、友だちや教師とコミュニケーションを行うなかで、時には他者の力を借りながらともに取り組むといった力が必要となります。

【就学前の子どもに必要な準備・環境】

子ども自身がふさわしい行動に気がつくよう、保育者は子どもたちのモデルを示すことが大切です。子どものふさわしい行動を目にした際には、個別に褒めたり、ほかの子どもたちにも伝わるように、その行動を認めましょう。これには、まず保育者が子どもの姿や行動に対して細やかな目を向けられるかということが問われるでしょう。子どもは自分が保育者から認められたことに自信をもち、次もまた頑張ろうという気持ちになります。また、子どもがおとなの力をできるだけ借りずに自分でできるような環境づくりに配慮することも大切です。たとえば、普段使用するロッカーや遊具等の配置、生活や遊びのなかで必要な物が整っているかを確認したり、不足している物があればさりげなく用意しておくようにするとよいでしょう。

❷ 学習する力

生活し学習する場面においては、子どもたちが言葉で自分の気持ちや考え、または要求を相手に伝えられるようになる必要があります。たとえば、授業のなかでわからないことがあったときに、そのことを教師に伝えられなければ、小学校１年生の時期に必要な学びを得られないまま、学習が進んでしまうかもしれません。これでは学習の蓄積が困難となり、学ぶことが楽しいと感じられなくなります。このような困難を避けるためにも、子どもが言葉を使って自己表現する力、伝わらなくても粘り強く伝えようとする力を高めていく必要があります。

【就学前の子どもに必要な準備・環境】

保育者はハッキリ意見を言える子ども、なかなか自分の思いを伝えられない子ども、といったクラスの子ども個々の姿を理解したうえで、子どもたち全体の発言を引き出せるような言葉かけを行ったり、子どもが安心して発言するのを待つといった雰囲気づくりをすることが求められます。また、発言や意見がそれぞれに異なる場合には、どちらにも耳を傾け共感することで、さまざまな見方や考え方があることを子どもたちがわかって受け止められる機会をつくっていきましょう。たとえば、遊びがさらに楽しくなるよう、子どもたちがルールづくりを行う場面があったとします。そうした共通の話題を皆で話し合うことで、幼児はより身近にコミュニケーションをとることの大切さを感じられるようになるのだと思います。

❸ 思考する力

小学校に入ると、１年次に「国語」「算数」「生活」「音楽」「図画工作」といった授業を受けることになります。たとえば「算数」の授業では、生活の身の回りにある具体的な物（動物や野菜、鉛筆）と、数を表した図やブロック等を用いて対比したり、操作しながら数という概念を子どもたちは学び、次に計算という形でつながっていきます。「国語」の場合は、すでに幼児期に親しんできた物語を教科書で音読し、自分でも読めることに喜びを感じたり、自分で教科書に名前を書くといった取り組みから、授業に参加した達成感を得るという学びが始まります。

写真7-1　保育者や友だちと一緒に数に触れてみよう（5歳児後半）

【就学前の子どもに必要な準備・環境】

最初から数えたり読んだりすることを目的にするのではなく、毎日クラスにある時計の針を皆で一緒に読んでみたり、遊びのなかで物や人の数をかぞえたり、数を文字で表してみるなど、子どもたちの身近な場面で数の概念に触れていく機会をもてるようにしましょう。もしかすると、数に興味をもたない子もいるかもしれません。そんな時には、友だちや保育者と一緒に数遊びをして、楽しい気持ちを味わえるよう工夫をしましょう。幼児期にたくさんの数や文字に触れておくことで、小学校期での学びに対する抵抗感の軽減につながるのです。

また5歳児後半になると、童話や伝記[*3]などに親しみ、面白さがわかって、想像して楽しめるようになります（抽象的内容の理解）。読み終わった後、みんなで共通の話題について、話し合う事を楽しんだり、話の内容に関連する問いかけを行うなどして、さらに話の内容に理解を深めたり、自分の状況に置き換えて考えてみるといった体験ができる機会をもつようにしましょう。

＊3 童話や伝記
幼児期後半になると抽象的な内容のお話が理解できるようになります。そこで、文字数が多く挿絵付きの、おとなが子どものためにつくる昔話や物語といった童話や、歴史的人物の生涯を取り扱った伝記が多く読まれるようになります。

2 「保育所保育指針」「幼稚園教育要領」「幼保連携型認定こども園教育・保育要領」と「小学校学習指導要領」の改定（訂）と「環境」を通して実施される幼児教育・小学校教育

本節では、「保育所保育指針」「幼稚園教育要領」「幼保連携型認定こども園教育・保育要領」と「学習指導要領」、また同時期に改訂された「小学校学習指導要領」の改定（訂）の目的とポイントについて学んでいきます。

それらを踏まえて、幼児期から小学校期へとつながる、幼児教育の考え方についても学んでいきましょう。

1）「保育所保育指針」「幼稚園教育要領」「幼保連携型認定こども園教育・保育要領」と「小学校学習指導要領」の改定（訂）

❶ 改定（訂）の目的

2018（平成30）年に「保育所保育指針」「幼稚園教育要領」「幼保連携型認定こども園教育・保育要領」と「学習指導要領」が改定（訂）され、今回、家庭との連携・支援と共に強調されたことが保育所・幼稚園・認定こども園と小学校との連携です。この背景には1990年代から社会問題の一つとして取り上げられるようになった「小１プロブレム」[*4]が影響しています。

小学校入学当初から１年生が45分の授業を受けるのは難しいですよね。要因にはそれまでの保育所・幼稚園のように、保育者が子どもの姿や成長の様子に合わせて生活や遊びのなかで保育内容を考え実践するという方法

＊4 小1プロブレム
1990年代に幼稚園や保育所での生活から、小学校での学習を中心とした生活に、子どもたちが適応できないといった状況が起こりました。現在、段階的に小学校の生活に適応できるような取り組みが行われています。

から、小学校では計画された学習内容を一つのクラス集団に教えるという指導方法になるといった違いも影響していると言われています。そこで、この問題を克服するために保幼小の接続と連携の取り組みが行われるようになったのです。具体的な方策として、のちほど紹介する保幼小接続カリキュラムが実施されています。

❷ 改定（訂）のポイント

2018（平成30）年の「保育所保育指針」「幼稚園教育要領」「幼保連携型認定こども園教育・保育要領」の３つの指針・要領の同時期の改定（訂）が初めて行われ、３歳以上児の幼児教育に関する「ねらい及び内容」が共通化されました。また、今回の改定で幼児教育において「育みたい資質・能力」と「幼児期の終わりまでに育ってほしい姿」が加わり、保育所・幼稚園・こども園における幼児教育の一貫性が確保されました。

新しい「幼稚園教育要領」では、「知識及び技能の基礎」「思考力、判断力、表現力等の基礎」「学びに向かう力、人間性等」といった項目も加わって、幼稚園が子どもたちの就学後の教育の基礎づくりをするための役割を担うことが明示されています。

❸「小学校学習指導要領」改訂のポイント

1998（平成10）年６月の中央教育審議会[*5]で、「新しい時代を拓く心を育てるために」と題して、保育所・幼稚園から小学校への円滑な接続を目的とし、保・幼・小による合同での校内研修の実施や行事への双方の子どもたちの招待等、相互の交流に努めるよう答申が出されました。そして、2005（平成17）年１月、「子どもを取り巻く環境の変化を踏まえた幼児教育の在り方について」という形で新たに、乳幼児期から小学校期の子どもの発達や学びの連続性を踏まえた幼児教育の充実を推進するよう答申[*6]が出されました。

さらに2010（平成22）年に文部科学省は、「幼児期の教育と小学校教育の円滑な接続の在り方について（報告）」のなかで、幼児期の教育と小学校教育は連続性と一貫性をもつものであり、幼児期の育ちが児童期の教育内容にどのように影響するかを見通して実践することの必要性や実際の幼・小の接続の取り組みを進めるための体制づくりについて触れています。

＊5 中央教育審議会
文部科学省に設置されており、文部科学大臣の求め（諮問）に応じて、教育や文化、芸術分野における内容を審議して提言する機関のこと。審議会には「教育制度」「生涯学習」「初等中等教育」「大学」「スポーツ・青少年」という5つの分科会が設置されています。

＊6 答申
審議会において、文部科学大臣から諮問を受けた機関が回答すること。または、回答を提出することを「答申」といいます。

2018（平成30）年の学習指導要領の改訂では、教育課程全体や各教科での学びを通して、子どもたちが「何ができるようになるのか」[2)] を中心に据えて考え、３つの柱とされる「知識及び技能」「思考力・判断力・表現力等」「学びに向かう力、人間性等」[3)] を軸として、「資質・能力」[3)] を総合的にバランスよく育んでいくことを目指しています。

学習指導要領改訂の方向性

新しい時代に必要となる資質・能力の育成と、学習評価の充実

学びを人生や社会に活かそうとする
学びに向かう力・人間性等の涵養

生きて働く**知識・技能**の習得

未知の状況にも対応できる
思考力・判断力・表現力等の育成

何ができるようになるか

よりよい学校教育を通じてよりよい社会を創るという目標を共有し、
社会と連携・協働しながら、未来の創り手となるために必要な資質・能力を育む
「社会に開かれた教育課程」の実現

各学校における「**カリキュラム・マネジメント**」の実現

何を学ぶか

新しい時代に必要となる資質・能力を踏まえた教科・科目等の新設や目標・内容の見直し

小学校の外国語教育の教科化、高校の新科目「公共（仮称）」の新設など

各教科等で育む資質・能力を明確化し、目標や内容を構造的に示す

学習内容の削減は行わない

どのように学ぶか

主体的・対話的で深い学び（「アクティブ・ラーニング」）の視点からの学習過程の改善

生きて働く知識・技能の習得など、新しい時代に求められる資質・能力を育成

知識の量を削減せず、質の高い理解を図るための学習過程の質的改善

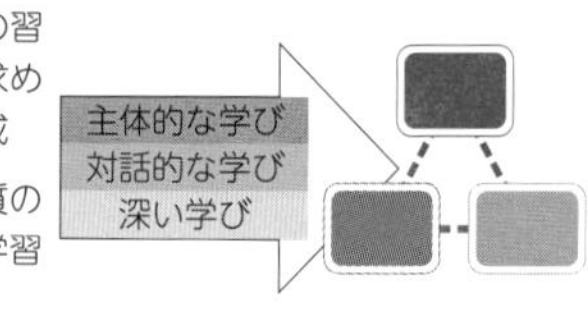

図7-1　学習指導要領改訂の方向性

出典：文部科学省「新しい学習指導要領の考え方――中央教育審議会における議論から改訂そして実施へ」2017年

2）環境を通して行われる幼児教育から子どもの主体性を大切にした小学校教育へ

❶ 資質・能力を育む

今回の３つの指針・要領、学習指導要領の改定において、子どもたちの「資質・能力」[3)] を育むことが大きなポイントとなっています。将来、グローバル化・AI化が進むなかで、これからの子どもたちが、学んだ知識だけでなく、自分が置かれた状況に応じて、活かせる知識や情報を選び取

り、そこから新しい発見や学びを得たり、時には必要な判断や選択を行うことで、自ら問題を解決していく力、新たな価値を生み出す力が求められるようになるからです。さらにその際には、自分を知り、他者を理解し尊重するなかで、互いのもつ能力を活かすために協力・連携する力も必要となります。これらの能力を具体的に３つの柱に整理したのが、「知識及び技能」「思考力・判断力・表現力等」「学びに向かう力、人間性等」[3] なのです。

❷ 環境づくりを通して行われる保育・教育

実は先に述べた資質・能力の育成は幼児教育において、「環境を通して行う」[4) 5) 6)] ものとして位置づけられ、すでに実践されています。「保育所保育指針」の「第１章　総則１」の「⑶ 保育の方法」に記されているように、保育者は「オ　子どもが自発的・意欲的に関われるような環境を構成し、子どもの主体的な活動や子どもの相互の関わりを大切にすること」[7] という文言からもそのことがわかります。保育・幼児教育では、保育者は子どもの主体性を尊重するために、年齢や発達段階、子どもの要求やその時の状況により、相応しい環境づくりが行われているのです。

そうした流れのなかで、小学校の教育現場では変化が起きています。それは、これまでの教育現場における教師が主導する授業という形から、子どもが知的好奇心をもって活動に試行錯誤し取り組み、自分たちで意見や考えを伝え合ったりできるような、子どもを中心に据えた授業、新しい教育のあり方を重視するといった形へと動き出したのです。

❸ 主体的・対話的で深い学び

また、新しい小学校学習指導要領では、小・中・高まで幼児教育と同じように「主体的・対話的で深い学び」[8] の実現が求められています。幼児期においては、子どもがより主体的に生活や遊びを行うなかで、主体的・対話的で深い学びが実現できるように保育者は援助や指導を振り返り改善を図っていく必要があります。一方で、児童期においては児童の主体的・対話的で深い学びを実現するために授業の取り組み方の改善を図ることで、学びの連続性を保障していくということです。これにより、小学校教諭は授業を計画する際に、子どもの学びの到達目標とともに次の事項を視野に入れることを求められています。それは、子どもの興味・関心を捉え、友だちや教師、地域との関係性のなかで、子ども自身が気づいたり、発見したりする能力を高められるような授業の実現です。

*7アクティブ・ラーニング
保育園や幼稚園で、一方的に先生から話を聞くような受身的な保育・教育ではなく、能動的に集団のなかで、さまざまな事象に興味・関心をもち、意見を伝えたり、疑問や分からないことを質問するなどして、課題に取り組むことを意味します。

写真7-2　数量やさまざまな素材・形状に触れられる環境づくり（5歳児後半）

表7-1は幼児教育の現場で重視されるアクティブ・ラーニング[*7]（課題の発見・解決に向けた主体的・協働的な学び）の視点から見た3つの学びと、保育者が援助・指導する際に必要な内容となります。

表7-1 「主体的な学び・対話的な学び・深い学び」

主体的な学び	子どもたちが自分から環境に関わるなかで、保育者は子どもたちを「もっと知りたい」「やってみたい」という気持ちに導いていく。そうして繰り返し体験を積み重ねるなかで、その遊びや取り組みを振り返り、次の活動の期待へとつなげていく。
対話的な学び	遊びや取り組みを友だちや保育者と一緒に振り返りながら、子どもは自分が感じたことや疑問に思ったことを伝え合ったり、また互いにアイディアを出し合う。そして、保育者は子どものそうした思いや考えを受け止めていく。
深い学び	遊びや取り組みで感じた疑問や思いを友だちや保育者と共有し、互いの意見や考えを受け止めていくなかで、疑問に感じたことを実際に調べてみたり、再現するなかで新たな発見や知識を得ることへとつなげていく。保育者は活動を通しての子どもの気づきや思いを受け止めるだけではなく、子どもの疑問や質問に対してさらに探求心が深まるような働きかけを行ったり、互いに意見交換できる雰囲気づくりを整える必要がある。

3 保育所・幼稚園・幼保連携型認定こども園の小学校との接続

本節では、保育所・幼稚園・幼保連携型認定こども園の幼児期の教育と小学校における教育をスムーズにつなげていくために、5歳児後半から小学校1年生にかけて取り組まれている保幼小の接続プログラムについて学びます。

それらを踏まえて、実際に取り組んでいる保育所・幼稚園・こども園の子どもたちと小学生の交流についてもみていきましょう。

1）幼児期と児童期をつなぐ保幼小接続

保幼小の接続とは、子どもの発達や学びの連続性を保障するため、幼児期の教育（保育所、幼稚園、認定こども園における）と児童期の教育（小学校における）を円滑に接続し、すべての子どもに対して体系的な教育を行うことを意味しています。

5歳児後半から小学校1年生にかけて、子どもたちを取り巻く環境（保育内容、教育内容、生活時間、遊びや学習するための環境等）は大きく変化します。そこで、移行期における子どもの発達や学びの連続性を保障するために、幼児期の教育と児童期の教育のスムーズな接続が図られることが求められます。そのためには、幼児期と児童期の教育機関が互いに接続の時期を意図的に設定することが必要となります。それは保育所や幼稚園、こども園が小学校と互いに協力・連携し合い、子どもが興味をもって主体的に取り組めるような保育と教育を融合させた取り組みです。また、それに伴い教育課程・保育過程の編成の見直しが必要となります。

この接続期における就学前の時期に行われる教育課程のことを「接続カリキュラム」、そして小学校入学後の時期に行われる教育課程のことを「スタートカリキュラム」と呼び、現在は各自治体で取り組みが実施されています。ですが、その呼称は自治体により異なるようです。

2）幼児期における教育との接続に向けた小学校入学後の教育課程【スタートカリキュラム】

ここでは、スタートカリキュラムについて紹介したいと思います。スタートカリキュラムとは、「小学校へ入学した子どもが、幼稚園・保育所などの遊びや生活を通した学びと育ちを基礎として、主体的に自己を発揮し、新しい学校生活を創り出していくためのカリキュラム」[9)]、「新入児童の入学直後約１か月間において、児童が幼児期に体験してきた遊び的要素とこれからの小学校生活の中心をなす教科学習の要素の両方を組み合わせた、合科的・関連的な学習プログラム」[10)] などと定義されています。

具体的には保育所や幼稚園、こども園での生活から小学校での生活との間の隔たりを無くすために、10〜15分ほどの短い時間を単位として取り組む学習方法（モジュール学習）を取り入れたり、小学校生活に必要な生活や授業でのルールをわかりやすく丁寧に教えたり、上級生との交流を図る等の取り組みが行われています。

3）保育所・幼稚園・幼保連携型認定こども園の子どもたちと小学生の交流

幼児期と児童期をつなぐ交流として、実際にはどのように行われているのでしょうか。ここでは、さいたま市と世田谷区の取り組みを紹介したいと思います。

❶ さいたま市「保幼小連携プログラム」「接続カリキュラム」

さいたま市では、「保幼小連携プログラム」「接続カリキュラム」[11)] という形で、幼稚園・保育所等と小学校が連携を深める取り組みが行われています。このプログラムでは、「子どもの育ちの目安」[11)] として、０歳児〜小学校１年生までが11段階で設定されており、就学の前後の期間だけではなく、乳幼児期から小学校期までの子どもの成長を見通しやすくし、「市が目指す幼児像」と「具体的な子どもの姿（例）」[11)] を示すことで、現場保育者や教員が活用しやすくなる工夫と配慮がなされています。

具体的な取り組みとしては、市内の小学校では年に2回程度、小学1年生の児童と近隣の保育園・幼稚園の子どもたちの交流活動が実施されています。主な活動としては、小学生は就学前の子どもたちに小学校での生活について説明をしたり、一緒にゲームを楽しむことで交流を図ったり、入学後に自分で整理整頓ができることを目指してランドセルに一緒に荷物を詰めてみたり、といったことが行われています。取り組みにより、幼児を受け入れる側の1年生がお兄さん、お姉さんぶりを発揮できる場面もあり、交流がよい雰囲気のなかで行われているそうです。

❷ 世田谷区版アプローチ・スタートカリキュラム

世田谷区では、2016（平成28）年度に幼稚園、保育所等における遊びや生活を通した学びと育ちとを小学校教育に円滑に接続することをめざして、「世田谷版アプローチ・スタートカリキュラム」[12] が策定されています。

プログラムでは、5歳児の2学期以降に、「自分のことは自分で行う」「相手を考えて行動する」「心も体も元気に生活する」「最後までやり遂げる」「何事にも興味をもって取り組む」[12] など、就学後に安心して小学校での生活を楽しみ、自分の資質・能力を発揮して主体的に学ぶことを目指して取り組みが行われています。

幼稚園・保育所等では、幼児が小学校生活に期待や憧れをもてるよう、学習への興味をもつことができる環境づくりも行われているようです。たとえば、「日常生活に必要な文字や数字・図形等に興味を持ち、遊びのなかに取り入れる」[12] という目標をもって、子どもたちが普段の遊びのなかで、室内に掲示されている「あいうえお」表や絵本などで使われている絵や文字を自分なりに取り入れて、お手紙を書くといった活動です。そして、この活動が小学校就学後に、「スタートカリキュラム」として引き継がれ、たとえば、「国語」の授業のなかで自分の名前を書くといった学習活動として活かされていきます。

このように、子どもにとっては幼稚園や保育所等での生活や遊びでの体験から獲得した自己肯定感が小学校での生活や学習の基盤となっていきます。また、就学後は年上の小学生との交流を通じて、小学校生活への緊張がほぐれる効果も期待できるでしょう。

残念ながら、新型コロナウイルス感染拡大による影響のなか、2020（令和２）年度は保幼小接続プログラムの実施を中断せざるを得ない状況が続いているようです。ウイルス収束の予測が立たないなかで、今後は子どもたちの学習する権利を担保するためにも、保育所や幼稚園、こども園の子どもたちと小学生との交流にオンラインを活用することも視野にいれていく必要があるかも知れません。

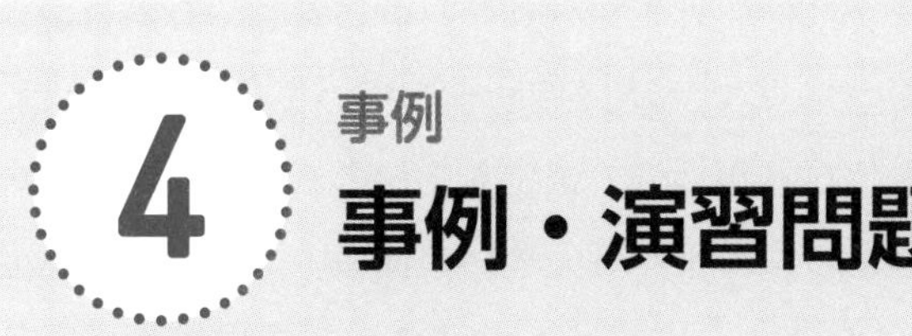

事例・演習問題

事例　年長児のトラブル（子どもどうしの育ち合いを見守る）

5歳児の男児数名が集まり、ソフト積み木を高く積み上げて基地づくりを楽しんでいました。そこにD君がやってきて、「入れて」と小さな声で言いましたが、先に遊んでいた子どもたちは聞こえないのか、楽しそうに遊び続けています。保育者がその様子をしばらく見守っていると、友だちからの返事がなく、その場に立ち尽くしていたD君が積み木の一部をキックして壊してしまいました。すると、基地づくりを楽しんでいた子どもたちから、「俺たちの基地、壊すなよ！」「Dなんか、仲間に入れてやらない」といった乱暴な言葉が浴びせられました。ここで、D君が初めて大きな声で、「だって、みんなが僕のこと仲間外れにするからでしょう？」と自分の思いを伝えることができたのです。保育者はこのD君の言葉を聞いて、ようやく「どうしたの？」と子どもたちの傍に行き、彼らに問いかけたのでした。

解説

5歳児後半になると、友だちとの関わりのなかで相手の気持ちに気づいたり、自分も相手の気持ちに共感したりしながら社会性が育っていきます。それと同時に、気の合う友だちや魅力的な遊びをする友だちと関わりたいと思うようになります。ですが、自分が一緒に遊びたいと思っていても、相手が同じ気持ちだとは限りません。もしかすると、その時の子どもの生活背景や体調不良が影響して、相手の気持ちを素直に受け入れられないといった状況が起こるかもしれません。保育者は、友だちどうしの関係にだけ目を向けるのではなく、その時の子どもの置かれた生活環境やその日の体調の変化等の細かな点についても配慮しながら、その先の子どもの成長を見通した支援・指導を行うことが求められます。

この事例のように、保育者は仲間外れにされたＤ君に対し、Ｄ君自身が友だちに自分の気持ちを発するまで、特に援助をしていません。それは、どうしてでしょう？保育者はＤ君が自分の気持ちを伝えるのを見守っていたのです。小学校に入学したら、今よりも大きい集団の中で、自分の意見や思いを伝えられるようになることが求められます。５歳児後半になると、自分の感情のコントロールも上手になってきます。保育者は子どもがトラブルによってけがをしたり、危険な状況にならない限りは基本的に子どもの様子を見守るという役割を担うことになります。子どもたちも信頼する保育者が傍にいて見守っていることで、自分たちで気持ちを伝え合ってトラブルの解決に至ることができるのではないでしょうか。

演習問題

自分が５歳児クラスの担当保育者になったつもりで、保幼小連携プログラムの具体的な取り組みを考えてみましょう。子どもに無理なく、楽しく学ぶことができる活動について、活動の目的（到達目標）も含めて、意見を出し合ってみましょう。

引用文献

1）無藤隆「生涯の学びを支える「非認知能力」をどう育てるか」『これからの幼児教育』ベネッセ総合教育研究所，pp.18–21，2016年
2）文部科学省「新しい学習指導要領の考え方――中央教育審議会における議論から改訂そして実施へ」2017年
3）文部科学省『小学校学習指導要領（平成29年告示）解説　総則編　平成29年 7 月』東洋館出版社，2018年
4）厚生労働省『保育所保育指針解説　平成30年 3 月』フレーベル館，p.15，2018年
5）文部科学省『幼稚園教育要領解説　平成30年 3 月』フレーベル館，p.27，2018年
6）内閣府・文部科学省・厚生労働省『幼保連携型認定こども園教育・保育要領解説　平成30年 3 月』フレーベル館，p.28，2018年
7）前出 4)，p.23
8）前出 3)，p.3
9）文部科学省・国立教育政策研究所・教育課程研究センター『スタートカリキュラムの編成の仕方・進め方が分かるスタートカリキュラム　スタートブック――学びの芽生えから自覚的な学びへ』p.2，2015年
10）木村吉彦「子どもの学びをつなぐ「スタートカリキュラム」幼児教育と小学校教育をつなぐ生活科の教科特性とスタートカリキュラム」『教育創造』vol.169上越教育大学内附属小学校内高田教育研究会，p.5，2011年
11）さいたま市教育委員会「保幼小連携推進資料②――保幼小連携プログラム・アプローチカリキュラム」2015年
12）「幼稚園・保育所等と小学校教育との円滑な接続　子どもの発達や学びをつなごう！――世田谷版アプローチ・スタートカリキュラムの活用 2016」pp.1–2，2016年

参考文献

◆ 久野弘幸編著『平成29年版 小学校新学習指導要領 ポイント総整理 生活』東洋館出版社，2017年
◆ 木下光二『遊びと学びをつなぐ これからの保幼小接続カリキュラム』チャイルド本社，2019年
◆ 厚生労働省『保育所保育指針解説 平成30年 3 月』フレーベル館，2018年
◆ 内閣府・文部科学省・厚生労働省『幼保連携型認定こども園教育・保育要領解説　平成30年 3 月』フレーベル館，2018年
◆ 文部科学省『小学校学習指導要領（平成29年告示）解説 生活編 平成29年 7 月』東洋館出版社，2018年
◆ 文部科学省『幼稚園教育要領解説 平成30年 3 月』フレーベル館，2018年
◆ 文部科学省『小学校学習指導要領（平成29年告示）解説 総則編 平成29年 7 月』東洋館出版社，2018年
◆ 汐見稔幸・無藤隆監、ミネルヴァ書房編集部編『〈平成30年施行〉保育所保育指針・幼稚園教育要領・幼保連携型認定こども園教育・保育要領 解説とポイント』ミネルヴァ書房，2018年
◆ 田澤里喜・吉永安里編著『あそびの中から学びが未来を開く幼児教育から小学校教育への接続』世界文化社，2020年
◆「新しい時代を拓く心を育てるために――幼児期からの心の教育の在り方について」中央教育審議会答申，1998年 6 月
◆「子どもを取り巻く環境の変化を踏まえた幼児教育の在り方について」中央教育審議会答申2005年 1 月
◆「幼児期の教育と小学校教育の円滑な接続の在り方について（報告）」幼児期の教育と小学校教育の円滑な接続の在り方に関する調査研究協力者会議，文部科学省，2010年

コラム

働きかけすぎない・言葉をかけすぎない・見守るという姿勢

子どもの主体性を信じて、子どもに任せる保育と一言でいっても、実際に行うのは難しいかも知れません。保育者だって人間ですから、子どもが上手く気持ちを伝えられずにつらい思いをしている時には、つい伝えきれない気持ちを先に代弁したくなるかも知れません。特に新人期の保育士であれば、子どもへの関わりに迷うこともあるかと思います。子どもは友だちと思いがぶつかり合って喧嘩したり、仲直りする過程のなかで互いに折り合いをつけながら、自分の感情をコントロールする方法を学んでいきます。一方で小学校に入ると、集中して授業に取り組むこと、勉強の内容が難しくてなかなか解けない時にも、あきらめずに取り組み続けることが大切になります。そうした時に必要になるのが、幼児期の体験のなかで育んできた自分の感情をコントロールする力なのです。そして、この力が児童期の「学びに向かう力」につながっているのです。もちろん、5歳児になったからと言って、急にその力が備わるわけではなく、それまでの乳児期から3歳、4歳での体験の積み重ねが、子どもの力を育んでいるのです。

私は授業の時に、「働きかけすぎない・言葉をかけすぎない・見守る」ことが大切だと皆さんにお伝えしています。

第8章 自然との関わり

本章の構成

環境は、大きく物的環境、人的環境、自然環境に分類することができます。自然環境には、子どもの発達にとって大事な要素が多く含まれています。自然との関わりを通して育つものを中心に、自然環境と保育内容の関係について考えます。

1 自然との関わりを通して育つもの

地域や園の置かれている状況によって、自然環境は大きな違いがあります。「大きな自然」という視点で自然環境の意義を考えてみます。

1）自然の捉え方

日本は北から南まで3500kmあるといわれています。そのため、桜前線もチューリップの咲く時期も地域によって違いがあります。実際、北海道の桜の開花と九州の桜の開花には、２か月の違いがあります。当然、咲く花や木の種類も違います。同じ地域のなかでもそれぞれ条件が違うでしょう。

「自然との関わり」を考えるとき、そうした地域差や、園が建っている場所の状況も考えなければなりません。現代社会を表現するとき、よく「都市化」という言葉が使われます。そのうえで、「自然が破壊されている」「自然とふれあうことが困難である」といわれます。そうであれば、保育を通して、どう子どもたちに自然とふれあう経験をさせるのかを考えなければいけないでしょう。

幼稚園教育要領の領域「環境」では、自然に関して以下のように示しています。

「身近な環境に親しみ、自然と触れ合う中で様々な事象に興味や関心をもつ」（領域「環境」１ねらい(1)）

2018（平成30）年の改訂において示された「幼児期の終わりまでに育ってほしい姿」との関連で、幼稚園教育要領解説では、「(7)自然との関わり・生命尊重」について「幼児期の自然との関わり、生命尊重は、領域「環境」などでも示されているように、幼稚園生活において、身近な自然と触れ合う体験を重ねながら、自然への気付きや動植物に対する親しみを深める中で育まれていく」とされています。

保育所保育指針、幼保連携型認定こども園教育・保育要領においても、

3 歳児以上の自然に関しては同様の表記が見られます。

2）保育者の自然に対する意識、感受性

林（2010）は、「自然現象とは、自然界で起こる気象現象（寒暖、晴れ、雨、風、雪、霧、霜、雷、虹、台風、竜巻）や天体現象（太陽、月、星、季節、昼と夜、潮の満ち干、日食、月食）、地球内部の活動による現象（地震、津波、火山の噴火）、引力（重力）や磁力による現象（物の落下、磁石）および生命現象（季節の変化に伴う生命活動：紅葉、花の開花、鳥の渡り）などが挙げられる」と述べています[*1]。

こうした自然現象とのふれあい、関わりは、子どもの日常生活のなかで頻繁に起きています。突然の雨に驚いたり、雷に怖さを覚えたりします。また、最近の異常気象ともいうべき夏の暑さは、子どもの口に「暑いね」と言わせていますが、現代の日本では都市化によって自然を感じる機会が減り、冷暖房の設備の普及により、暑さ寒さを感じる機会も減ったといわれています。

こうした状況のなかで、身近な自然に目を向け、興味・関心をもつようにするには、保育者の自然に対する意識、感受性が必要でしょう。

ある園では、バスを使用せず、保育者が徒歩による送り迎えを行っています。また、戸外での遊びを推奨しています。保育者も常に気象の変化について声をかけています。その結果、子どもたちの会話のなかで、自然の変化に関する会話が日常的にみられるようになっています。

たとえば、歩いている途中で日陰に入ると「ここ、涼しいね」と言い、保育者は「そうだね、ここは太陽さんの光が入らないから涼しいね」と答えます。また、空を見上げていた子どもが、「あ、朝なのにお月さん出てる」と保育者や友だちに教えに来ます。このことから、自然を通して学ぶ、育つものは周囲にいる大人、園でいえば保育者の感受性が必要だと感じます。こうしたことが、少し大げさな言い方をすれば、身近な環境はもちろん地球全体の環境に目を向け、視野を広げるということにつながっていくのではないでしょうか。

＊1
林幸治「自然現象にかかわる保育」田尻由美子・無藤隆編『保育内容　子どもと環境―基本と実践事例―』p.118, 同文書院, 2010年

3）子どもが自然現象を意識できる語りかけ

肌で感じる自然現象は、科学的見地からいえば、太陽という惑星と地球との因果関係ですが、子どもに対してこうした科学的知見を伝え、理解させる必要はありません。しかし、太陽のあたたかさや水の大切さなどを体験として感じ取る機会を多くする必要があります。

先述した、「日陰は涼しい」という体験は、太陽の光の有無を感じ取っているのです。今日は遠足というとき、子どもの「晴れたらいいね」という気持ちを大切にします。保育者は、行事や植物の栽培、収穫など、あらゆる機会を通して子どもが自然現象を意識できる語りかけができるようにしなければなりません。

写真8-1　自然を取り入れた園庭

2 生物を通して自然を意識する

自然との関わりのなかで「生物」との関わりについて考えてみます。「生物」とは、植物であり動物です。「育てる」「死と出会い」などの視点から考えます。

1）日本の自然の特徴

子どもと自然との関わりを考えるとき、まず初めに、私たちが住んでいる日本の自然について考えてみましょう。

日本の自然の特徴は、四季の変化に富んでいることだといわれます。人間はもちろん、季節の花や虫、鳥などもこうした季節の変化によって左右され、支配されているのです。つまり、そうした周囲の生物の変化が、自然の変化を感じさせる第一の要因になっていることは間違いありません。

園庭にいる子どもが「先生、今、アゲハ飛んでた」「あっ、カナブンだ」「トマト大きくなったね」「なすび、もう食べれる？」と言ってくる姿にこそ、自然を体で感じているものがあります。領域「環境」のねらいにもあるように、「身近な」環境に触れ、心を弾ませているといえるでしょう。

花を見て、「きれいだなあ」と思えば、その花をよく見てみようという気持ちになります。「この花は何ていう花だろう？」という興味にもつながっていきます。そして、植物は水をやらなければ枯れるし、小動物はエサを与えなければ死に至ります。そうした、客観的事実も学んでいくのです。園庭にはさまざまな種類の草花があります。大きな柿の木があるところもあります。草花、小動物を通して、生物にも種類が多くあることに気づいていきます。金魚には水が必要だし、ハムスターにはそれに適したエサが必要です。その生物に適した生活条件があることを知っていきます。チューリップの球根を植えると、翌年また花が咲きます。ウサギが子どもを産めば、そのウサギがまた大きくなっていきます。こうして、生命というのは循環していることを学んでいくのです。

2）子どもの個別性への配慮

子ども一人ひとりの「生物」に関する感じ方は違うので、保育者は個々の子どもに配慮する必要があります。

例年どおり、子ども一人一鉢の朝顔を植えた時のことです。毎日の水やりの成果で、どの子どもの鉢も順調に発芽しましたが、なぜか、Ａ君の鉢からは芽が出てきませんでした。保育者が念のために鉢の中の土を掘り返してみましたが、種を植えた痕跡がありません。不思議に思った保育者が、Ａ君に「種、植えた？」と聞くと、即座に首を振りました。「じゃ、種はどこ？」と聞くと、道具箱を指さしました。確かめてみると、確かに、道具箱に種が３つありました。同じ会話、同じ作業をしていても、全員が同じ思いでいるとは限りません。

このような例もあります。友だちとの関わりの苦手なＨ君が、クラスで飼うことになったハムスターに興味をもち、毎日誰に言われることなく世話をし、ハムスターに向かって「お兄ちゃんだよ」と声をかけている姿も見られました。

小動物がその子どもの心の癒しになることはしばしばあります。自分の大好きな絵本をウサギに見せていることも、そうしたことの現れです。

最後に、以下の言葉を紹介し、この節を終わります。

「幼児期からたくさんの自然に触れておくこと。それがその後の科学教育や生命に関する教育の大事な基盤となります。都会に暮らす子供が多いからこそ、様々な自然との出会いを工夫し、そこで遊ぶことを通して自然に親しみ、大切にする心を育てたいものです[*2]。」（無藤隆）

＊2
無藤隆監『幼稚園教育要領ハンドブック――イラストたっぷりやさしく読み解く』学研プラス，p.48, 2017年

3 自然を感じさせる保育の展開

子どもの活動を予測し、省察していくためにも指導計画は必要です。特に、自然に関する保育内容は思いつきで行えるものではありません。どのような視点で指導計画を立てるかについて考えてみます。

1）指導計画の必要性

乳幼児期は、人間の一生で一番成長・発達の早い時期です。日常の同じような繰り返しのなかでも日々成長しています。朝の体操の時、「並ぶ」ことができなかった3歳児が、ある時気がつくと全員並んでいられるようになっています。園のなかにある素材や教具も徐々に使いこなすようになっていきます。保育者は個々の子どもの発達の状況、クラス全体の発達状況を把握し、環境を整えていく必要があります。幼稚園であれば、3歳から卒園までの在園期間全体を見通し、この期間に経験させたいことなどを示し、そのことを実現するための環境を整え、援助を考える必要があります。

「見通し」ということが重要になりますが、子どもの成長・発達の状況、災害等の自然現象の変化、社会状況の変化（コロナ、インフルエンザ）なども踏まえ、柔軟に対応する必要があります。指導計画のなかでも、飼育・栽培に関しては、特に早い時期から計画を立てておく必要があります。

2）自然環境と各園の工夫

冒頭に述べましたが、「自然を感じる」場面は、園の設置条件によって変わってきます。状況に合わせて工夫することが求められます。ここでは、工夫の一端を紹介します。

❶ 都内私立幼稚園

園は住宅街の真ん中に位置する。園庭および周辺にはさまざまな種類の木が豊富にある。畑も十分に確保できるスペースがあり、栽培も十分にできる。

恵まれた環境のなかで、当然の姿と思うことなく、常にそうした環境、環境の変化を意識できるように子どもに声をかける。

❷ 都内公立幼稚園・私立保育園

園庭はほとんどない。宅地開発で周囲にも自然を意識する場所はない。少し離れた公園に散歩として出かけている。公園内の草花の変化に気が付くように声をかけている。園舎と塀のわずかな隙間を利用して、プランタにミニトマト、なすび、キュウリなどの収穫物の栽培をしている。自然の観察絵本、図鑑などを活用して、自然に目を向けるようにしている。

❸ 九州の私立幼稚園

畑をつくるスペースはない。園庭にプランタを置いて、収穫物の栽培をしている。キリスト教系の園のため、日曜日の礼拝のとき、週の最終日にプランタを移動する。プランタを移動する際にひっくり返してしまい、そのために、むしろ土の中の様子を見ることができた。

❹ 四国の私立幼稚園

園庭は狭いが、周囲の自然は豊かである。徒歩可能な距離に畑を借りて、さまざまな種類の栽培をしている。近くに山もあり、季節ごとに山登りを実施している。製作も自然を利用したものが多い。

3）指導計画の作成にあたって

年間計画では、特に四季の変化に留意しなければなりません。飼育・栽培では、その時期を逃すと取り戻すことができません。種まきや収穫の時期など、綿密な計画が必要です。

行事との関連を考える必要があります。園では、入園式などのほか、季節の行事も多くあります。行事を通して、子どもに何を伝えるかが大事です。特に、運動会などの戸外での行事では、気象に興味をもつようにするのもよいのではないかと思います。

計画を立てたとしても、子どもの成長・発達が追い付いていない場合があります。成長・発達の状況を把握して、計画を練り直す柔軟さも必要です。

子どもの一つひとつの活動は関連し合って、成長・発達につながっています。年齢によっても、活動の意味、活動全体の配列も違ってきます。特に、５歳児では、「知的好奇心の芽生え」「知識を増やす」という視点をもつ必要があります。

種をまく、あるいは飼育を計画する場合、一つひとつの成長を感じ取りながら生活していくことができるようにするための配慮が必要です。水をやる、エサをやる、季節を意識する、気象を意識するといった活動はすべて関連づけられていることを意識して保育を展開していかなければなりません。

4

事例

事例・演習問題

事例　傘をつくろう

４歳児が傘をつくることにしました。傘の形に色を塗って、塗り終わったらハサミで切って傘が完成します。
出来上がった傘を持って、Ｙ子が「先生、傘さして外に行っていいですか？」と聞くと、保育者は「いいよ、行ってきて」と答えます。Ｃ子が「もう一つつくっていいですか？」と聞くと、保育者は「いいよ。もう一つつくりたいんだね？」と聞くとＣ子は「Ｋ子（妹の名前）のなの」と答えました。
その時、偶然にも外に小雨が降ってきました。ちょうど、傘を完成させたばかりのＴ男が「先生、雨降ってきた。この傘さしてみる」と言って、出来上がった傘を持って、外に出て行きました。戻ってきて、「この傘さしたら、濡れなかったよ」と言ってきました（実際には濡れています）。
これに対して保育者は「そう、よかったね」と答えました。

解説

この活動は６月の梅雨の時期に行いました。保育を計画する場合、季節、時期を意識することが大事です。梅雨の時期の活動のテーマとしては「カタツムリ」「アジサイ」「傘」「テントウ虫」「テルテル坊主」などさまざまです。製作だけではなく、絵本図鑑なども通して、季節を意識させることも必要です。

この日の製作は、ごく簡単なもので傘に色・模様を塗って、ハサミで切るものでした。製作前の保育者の語りかけで、「そういえばよく雨が降るなあ」という意識をもつだけでもよいのです。この日は、傘が完成するころに偶然雨が降ってきて、一層季節感を感じさせるものとなりました。

演習問題1

朝、保育者が出勤すると、ウサギ小屋でウサギが死んでいました。子どもにこの事実をどのように伝えたらよいでしょう？また、ウサギの死んだ様子は子どもに見せたほうがよいでしょうか？

演習問題2

絵本を読んでいる時、外で雷が鳴り、ゲリラ豪雨のように激しい雨が降ってきました。子どもたちが思わず歓声をあげました。こんな時、保育者はどう対応したらよいでしょうか？

参考文献

◆ 岸井勇雄・横山文樹『あたらしい幼児教育課程総論』同文書院，2011年
◆ 無藤隆監『幼稚園教育要領ハンドブック 2017年告示版』学研プラス，2017年
◆ 中沢和子『新訂 子どもと環境』萌文書林，1990年
◆ 汐見稔幸監『保育所保育指針ハンドブック 2017年告示版』学研プラス，2017年
◆ 横山文樹編著『保育内容・環境 第 3 版』同文書院，2018年
◆ 横山文樹・駒井美智子編著『保育を学ぶシリーズ③ 環境』大学図書出版，2016年

コラム

子どもの思い

富山の幼稚園での出来事です。「水不足」が連日、報じられました。A子ちゃんの頭のなかには、「水を大事にしなければならない」という思いが強くあったのだと思います。その日の外遊びのなかで、男の子 2 、 3 人が水道の水を思い切り出して遊んでいました。

A子ちゃんはそこに飛んで行って、「富山の水が」「富山の水が」と大きな声で叫びました。保育者も遊んでいた男の子もきょとんとしました。

そして、A子ちゃんが蛇口を閉めだしたので、ようやく意味が理解できました。その日の子どもたちへの話のなかで改めて「水不足」のことに触れ、A子ちゃんの思いもクラス全体に伝えました。

第9章 園内環境

保育所、幼稚園、幼保連携型認定こども園の園内環境は、子どもの生活の質を支える重要なものです。本章では、左記の流れで園内環境について考えます。

本章の構成

1 園内環境の意義——安心できる環境、夢中になれる環境

保育所、幼稚園、幼保連携型認定こども園は、子どもが家庭の次に最も長い時間を過ごす生活の場です。そして、この生活の場は子どもが家庭のように安心して過ごすだけではなく、子どもが周囲の環境に働きかけて夢中になって遊び、学ぶことを願ってつくられています。

園により、また園児によって保育時間は異なりますが、園児は１日のうち４時間から11時間ほど園内で過ごします。家庭の次に長い時間を過ごす園内環境に保育者はどのような願いを込めているのか、また、保育者の願いがこめられた園内環境に子どもはどのように関わっているのか、１日の園生活の流れを通して、安心と夢中をキーワードに確認していきましょう。

1）園内環境とその構成——登園から降園[*1]まで

＊1 降園
保育が終わって帰ることを降園といいます。小学校以上は下校といいます。

❶ 登園時の環境構成

子どもたちは、登園するとまず保育者に出会います。毎朝、笑顔で子どもたちを迎える保育者は、園内環境の要である重要な人的環境です。担任、主任、園長など立場によって子どもとの朝の出会い方も異なりますが、保護者からの申し送り等、保育者間で連絡を取りあいながら、１日の保育を始めることが大切です。

写真9-1　朝の玄関

❷ 朝の身支度の環境構成

子どもは自分の所属するクラスの保育室で通園かばんに入れてきたタオ

ル、コップ、着替えの服等を所定の場所に置き、朝の身支度をします。園で１日快適に生活できるようにするためです。園によっては、園で活動しやすい服に着替えることもあります。所持品の置き場所が複数になることもあるでしょう。子どもの動線[*2]が複雑にならないよう、保育者はタオル掛け、ロッカー等の配置をよく考えて、朝の保育室の環境をデザインする必要があります。

＊2 子どもの動線
方向の異なる動線が重ならないようにすることで、また、同方向の動線が重ならないようにすることで、無用のトラブルや事故やけがを防ぐことができます。

❸ 遊びの環境構成

遊びは園内のさまざまな場で展開します。

園庭には土や水など室外ならではの環境に子どもが働きかけて遊ぶことができる魅力があります。また、大人にとっては緩やかな斜面でも、子どもにとっては挑戦しがいのある山であり、子どもは這いつくばって登ったり走ったり、地形に自ら働きかけて夢中になって遊びます。

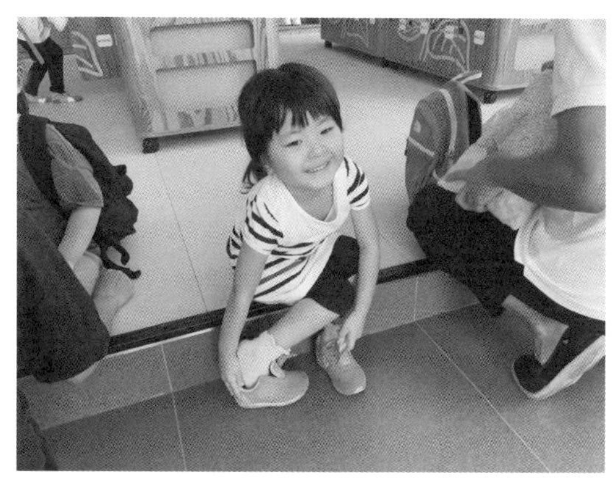

写真9-2　玄関で靴を履き替える園児

写真9-3　小山に登る子ども

滑り台、ブランコ、登り棒等、園庭には固定遊具があります。固定遊具で遊ぶことにより、子どもはさまざまな身体機能を高めていきます。固定遊具を使った遊びは、時に大きなけがを引き起こします。保育開始前に毎日、固定遊具に不具合がないか確認をし、保育者

写真9-4　葉の下での虫探し

間で、また保育者と子どもで遊び方のルールを絶えず確認することが大事です。

四季[*3]折々に花や実をつけ変化する樹木は、子どもの遊びや生活を豊かにしてくれます。春には桜の花びらで砂のケーキを飾ったり、夏には木陰で涼んだり、秋にはどんぐりを拾ったり、冬には木の芽を見つけて遊ぶ等、遊びを通して子どもは自然の不思議さや移り変わりを感じます。

＊3 四季
日本には四季があり、四季の変化は五感を通じて味わいを楽しむことができます。室内環境にも四季の変化を取り入れ楽しむことが大切です。

写真9-5 ベランダから園庭を見下ろす

写真9-6 保育室での遊び

ベランダやテラスのような、園庭と園舎をつなぐ空間も重要な遊びの場です。

写真9-5では子どもたちが、ベランダの上から庭での泥遊びを見ています。ベランダやテラスで、子どもたちは周囲の環境からさまざまな情報を取り入れ、自分の遊びに反映させていきます。

写真9-6は室内の遊びの環境です。テーブルの上に木片を構成し、綿や折り紙で装飾し作品をつくっています。子どもの遊びを豊かにする素材を用意し、子どもがイメージに沿って素材を選ぶことができるように環境を構成することが大切です。

写真9-7 汗を含んだ帽子を洗い干す

❹ 片付けの環境構成

遊んだ後には片付けを

します。遊びに使った園の道具、シャベルや積み木等を片付けます。保育者が洗濯ロープと洗濯ばさみを用意しておいたところ、汗で湿った帽子を水洗いして絞り、干す子どもが現れました。所持品のケアをすることも、片付けとして大切な経験です。保育者のさり気ない環境構成により、子どもの経験の幅が広がります。

❺ クラスや学年での活動の環境構成

活動内容にふさわしい場所で行います。写真9-8はクラスでヨガをしているところです。広い空間が必要なため、保育室ではなくホール[*4]で行っています。

写真9-8　照明を落としたホールで

＊4 ホール
園のホール、遊戯室は、入園式・卒園式などの式典の会場になったり、雨の日には園庭の代わりになったりと、多目的に使用できる環境です。

❻ 昼食の環境構成

給食や家庭から持参したお弁当をいただきます。陶器、プラスチック等、年齢により給食の食器の素材を変えている園もあることでしょう。素材の変化により、子どもたちは物の扱い方を学びます。

写真9-9　給食のセッティング

❼ 午睡の環境構成

昼食後、スムーズに午睡に移ることができるよう、あらかじめ保育者が室温・湿度・部屋の明る

写真9-10　おやつの調理

＊5 換気
新型コロナウイルス感染拡大防止の観点から、保育環境の換気は現在、保育者の環境整備として、ますます重要になっています。

さ・音・換気[＊5]等、環境を整えて設定しておくことが大切です。

❽ おやつの環境構成

おやつは昼食と同様に栄養とエネルギーを摂取し、味覚を通して喜びを感じるひとときです。アレルギー、衛生管理に配慮し、さらに前後の活動からの流れにも配慮した環境のセッティングが求められます。

❾ 降園の環境構成

子どもたちは保護者の迎えやバスで降園します。子どもたちの動線が同時に重なるときには保育者が流れをコントロールしたり、あらかじめ動線と重なる物の配置[＊6]を変えるなどして、子どもたちが安全に移動できるよう配慮します。

写真9-11　絵本を楽しむ

＊6 物の配置
物の置き方ひとつで、子どもの流れや遊びの展開が変わります。環境のマンネリ化を避け、常に新たな目で保育環境を捉える習慣をつけましょう。

これまで確認してきたように、子どもは１日の園生活のなかで園内の多様な環境に働きかけて学びます。園庭では水や土に夢中になって身体全体で関わりダイナミックに活動し、園舎内では遊びだけではなく食事や睡眠等、安心して過ごし生活しています。次の項では、室内環境と室外環境のそれぞれの特徴を見ていきましょう。

2）室内環境の特徴――保育者の意図をダイレクトに表現できる場

＊7 室内の温度や湿度
保育室の温度は、夏は26～28 ℃、冬は20～23℃、湿度は60％がめやすとされています（厚生労働省「保育所における感染症対策ガイドライン 2018年改訂版」）。子どもたちの様子をみながら、こまめに温度や湿度を調整することが大切です。

午睡やヨガをするときには部屋を暗くしたり、昼食時にはテーブルを拭き清めて衛生的な状態を保てるようにしたり、室内の温度や湿度[＊7]をエアコンによって調整したり、また、製作活動を豊かにしたいときにはさまざまな素材を用意する等、保育者の意図をダイレクトに表現できるのが室内環境の特徴です。室内環境のなかでも保育室は、身支度の場、遊びの場、集まりの場、昼食やおやつの場、午睡の場等、園生活の流れに応じて、物、人、活動をアレンジすることにより多様に環境を変化させることができます。

一方、室外環境の特徴は、天候、気温、湿度、日照・日陰、風向等がダイレクトに反映される場であることです。朝、日光を浴びることで脳の体内時計がリセットされて活動的に過ごすことができるようになります。また、日差しが強く気温が高いときに日陰があれば憩うことができます。さらに、気温差によって季節の移り変わりを肌で感じることができます。じめじめとした湿度の高い日は不快ではありますが、高い湿度はシャボン玉を壊れにくくし、子どもたちが大きなシャボン玉づくりに挑戦するのに最適なときです。

初春に吹く春の強風にあおられて散る桜の花吹雪の美しさは、この季節にしか感じることはできません。雨上がりの水たまりは長靴で子どもたちが足を踏み入れる、たいへん魅力的かつ一時的な室外環境です。さらにwithコロナの時代には、室外で過ごすことの意義がますます高まっています。樹木に接することは免疫力を高め、ストレス軽減につながるともいわれています。

このように、室外環境には人間の心身を健康に保ち、季節を感じ、遊び心を揺さぶる大きな魅力があります。一方で、雷、嵐、大雨、大雪などはときに保育における安全性を脅かすことにもつながります。

日本は自然災害の多い国です。自然のよさを園で十分に満喫しながらも、自然に対するリスク管理を園の生活に積極的に取り入れていきましょう。人間も自然の一部であり、人間と自然との共存は永遠の課題です。乳幼児期からさまざまな自然の表情に触れていくことが大切であり、それだけに室外環境の意義は大きいものがあります。

2 事例
事例・演習問題

事例1 素材による扱い方の違いを学ぶ

ままごとコーナーで、Aちゃん、Bちゃん、Cちゃんが遊んでいます。Aちゃんはお母さん、BちゃんとCちゃんは子ども役です。Aちゃんがつくったご飯を皿にのせ、テーブルに運んでいます。ちょうどその時に、BちゃんとCちゃんが踊り出し、Bちゃんが勢いよく振った腕がAちゃんの運んでいた皿にぶつかり、陶器製の皿が飛んで割れてしまいました。

Bちゃん「あ！　割れちゃった。ごめんね」

Cちゃん「先生を呼んでくるね」

Aちゃん「Bちゃん、触らないほうがいいよ」

Bちゃん「うん。ごめんね、ごめんね。バレエ始めちゃったから」

Aちゃん「大丈夫だよ」

保育者がやってくると、子どもたちに離れた場所に移動するように話して、手際よく割れた皿を片付けました。3人は保育者が片付け終えると状況を話し、「ごめんなさい」と謝りました。3人は「バレエは、あっちですることにしよう」と話し合いました。

解説

Cちゃんがすぐに保育者を呼びに行った様子から、子どもたちは、陶器が割れた場合にはどうしたらよいのか、これまでの経験から学んできていることがわかります。また、「バレエは、あっちですることにしよう」と話していることから、今後、食器を破損しないために自分たちはどうすべきか理解し、主体的に行動していることがわかります。

子どもは環境に働きかけながら、物の性質や問題の解決方法を体験的に学びます。年齢に応じて危険のない範囲で、多様な性質の物に触れることができるよう、環境をデザインすることが大切です。

演習問題 1

製作コーナーにハサミを用意しておくことにしました。3歳児、4歳児、5歳児クラスそれぞれで、ハサミをどのように置くことにしますか。イラストと文章で説明してください。

事例 2　子どもの学びを共有する室内環境のデザイン

裏庭にドングリが落ちる時期になり、子どもたちがドングリ集めをするようになりました。そのなかでもDちゃんは特に熱心にドングリを集め、遊びのすべての時間を黙々とドングリ集めに費やしています。さらに空き箱に自分で仕切りをつくり、カシワ、クヌギ、アラカシなど、ドングリの形状ごとにドングリを分類して大切に保管し、図鑑で調べてはドングリの樹種を確かめています。Dちゃんのアイデアを保育者は皆で共有したいと思い、Dちゃんにクラスの集まりの時に話してくれるようお願いしてみますが、Dちゃんは頑なに拒んでいます。そこで保育者は保育室の一角にDちゃんと一緒にドングリコーナーをつくり、分類したドングリや図鑑等をディスプレイすることにしました。

このコーナーに刺激をうけたほかの子どもたちもDちゃんのように分類したり、保管するための入れ物を工夫してつくるようになり、さらに図鑑を見ながらドングリから出てくる虫にも関心が広がり、遊びが深まっていきました。

解説

子どもたちは園でそれぞれが好きな遊びに夢中になって取り組んでいますが、友だちから刺激を受けて学びを深めていくことも重要です。また、クラスや園という集団のなかで、子ども一人ひとりの個性が受け入れられ、認め合える集団づくりも大切です。保育者という人的環境にはその橋渡しをしていくことが求められています。

演習問題 2

A園では毎年、秋に作品展を行っています。すみれ組では、一人ひとり異なるテーマで描いた絵を展示することにしました。紙のサイズもバラバラです。担任保育者として、どのように展示しますか。

コラム

廃材の活用

園で子どもたちが製作に使う材料に空き箱等の廃材があります。A園では長年、プラスチックの卵パックや食品トレーを製作の素材として活用してきましたが、2020（令和2）年7月のレジ袋有料化をきっかけに、プラスチック製の廃材を製作に使うことを控えることにしました。プラスチックは分解されずに形を変えて地球上に残り、人間をはじめとした生物の体内に入ると悪影響を及ぼします。園の教職員は、この機会に話し合いを重ね、子どもたちが生きる将来に、より良い地球を残すためにプラスチックを使うことを控えることにしたそうです。

保育現場で、どのようなものを、どのように使うかについては、さまざまな見解があることでしょう。多様な角度から、保育の環境について保育者間で話し合うことが大切です。

第10章 園外環境

保育は園内だけでなされるものではありません。園の置かれた地域や園から遠く離れた場所をふくめた園外でも子どもの学びは生まれます。では、園外環境ならではの意義とは何でしょうか。また、園外環境で保育をする際の注意点は何でしょうか。本章では、左記の流れで園外環境について考えます。

本章の構成

1 園外環境の意義

園外環境は園内にはない多様な魅力があり、園外環境で子どもたちは園内では得ることのできない深い学びをします。その一方、園外環境は園児が使用することを最優先してつくられたものではないため、しっかりとしたリスク管理がないと、安全を確保できない場でもあります。本章では、園外環境の魅力と園外環境でのリスク管理の具体的なあり方について考えましょう。

1）深い学びができる環境

保育園、幼稚園、幼保連携型認定こども園の園内環境は、子どもの生活を最優先してつくられています。しかし、子どもの学びは園内という環境だけで完結するものではありません。園外には園内とは異なる深い学びができる環境が随所にあります。

写真10-1　園外でのマラソン

園外に散歩に出かければ、園内では出会うことのない商店で仕事をする人や公園で憩う高齢者に出会うことができるでしょう。また、園内にはない草花もあります。観光バスに乗って遠足に出かければ、山や森や林、川や海のダイナミックな自然とふれあうことができたり、水族館やプラネタリウム等の文化施設[*1]では、図鑑やテレビ番組では体験することのできない深い学びができます。このような経験は、園内では得ることのできないものです。

＊1 文化施設
劇場、動物園、博物館、図書館等、文化の発信や交流の拠点となる場をいいます。

ただし、園外環境は乳幼児のためだけにつくられたものではありませんから、園外環境で過ごすときには、さまざまな人に配慮をする必要があります。道幅いっぱいに広がって歩けばほかの通行者の妨げになりますし、急に走ったり、ふざけたりして歩けば事故に遭う危険性も高まります。商店で店内で売っているものを、むやみやたらに触れることはできません。路線バスや鉄道の利用の際には乗り降りの仕方、車内での立つ位置等、利用者相互が快適に過ごすためのルールがあることを身をもって学びます。社会のルールやマナーを経験できることも園外環境のポイントです。

以下では、園外環境で行われる日常的な活動である散歩と、非日常的な活動である遠足、さらに園外環境における安全管理について、園外環境の実際を通して確認していきましょう。

❶ 園外環境での日常的な保育――散歩

保育における散歩の第一の意義は、園外を歩くことを通して周囲の環境からさまざまな刺激を受けて感じたり考えたりできることです。

散歩の途中で金木犀（きんもくせい）の香りに気づいた子どもは、周囲を見回して香りを放つものがどこにあり、それが何であるのかを確かめようとするでしょう。工場の奥から機械音が響いていれば、子どもは興味津々で工場の扉の奥を覗き、そこで何がなされているのか、確かめようとするでしょう。園外には園内と異なる視覚、聴覚、嗅覚、触覚を刺激するものが多様にあります。そのため、散歩によってどんなことを経験してほしいのか保育者の願いを明確にし、その願いをもとにルートを考えることがポイントです。

散歩の2つ目の意義は、歩くという行為そのものです。人間の移動の手段の基本は歩くことですが、年々、子どもの歩く経験が少なくなっています。幼い頃から自分の足で歩く[*2]ことの習慣を培うことが大切です。

写真10-2　手をつないで歩く

園外を歩くときの基本は、子ども自身が自分の身の安全を守ることと、ほかの人の迷惑にならないように気をつけることです。子どもたちは集団として動くため、保育者が子どもたちの集団をコントロールする必要があります。車の通る路上を

＊2 歩く習慣
子どもたちは人生100年の時代を生きていきます。歩く習慣を育むことは、心身ともに健康な人生を送るための基本です。

歩くときの基本は、列になって歩くことです。２人で手をつなぎ二列になって歩くことがポイントです。道幅や人の流れの状況によっては、手をつなぐのをやめて一列で歩くことも必要です。

❷ 散歩の持ち物

散歩の時間や気候によっては、水分補給のために子どもに水筒を持たせることも必要になります。水分補給をするのは、公園など車の通らない安全な場所にします。また、子ども一人ひとりが水筒を持たないときでも、保育者が水を持っていくことを忘れないようにしましょう。

また、気温の高い時には帽子を被(かぶ)ることも必要です。さらに、散歩で子どもが履く靴についても気を配りましょう。段差の大きい道、水たまり、滑りやすい道等、路面はさまざまです。よく散歩する道であっても、前日と大きく様変わりすることもあります。安全面を確認したうえで、散歩に出かけます。

写真10-3　散歩での水分補給

❸ 出会いと発見の楽しみ

散歩の楽しみは、地域のさまざまな環境に出会うことです。通ると犬が吠える家、手入れの行き届いたプランターの花、公園にある大きな石等、地域の表情を子どもなりに感じて、子どもは歩く地域への愛着を深めていきます。眺めたり触ったり、聞き入ったり見入ったりすること、またその楽しみを、ともに散歩を

写真10-4　散歩での発見

する仲間と共有することが、散歩のなかにある喜びです。歩くこと以外に子どもの注意が向く場所では、その場所に危険がないか、あらかじめ確認しておきます。周りの環境の面白さに気を取られているうちに、けがをしたり、事故*3に遭うことがないよう配慮しましょう。

＊3 事故
散歩の最中に園児や保育者が交通事故に遭うケースが増えています。報道に気を配り、他園の事例から自園の保育を振り返ることが大切です。

❹ さまざまな散歩

散歩には目的地がある場合と、園の周りを歩いて帰ってくる場合があります。調理に必要な材料を商店街に買い物に出かけることもあるでしょう。また、交流のために地域の高齢者の施設を訪れることもあるでしょう。

写真10-5　電車を見に行く

子どもの人数や通る道の交通状況等と引率する保育者の人数のバランスが適切になるよう計画します。万が一のときのために救急用品*4、携帯電話、着替え等を持参します。

＊4 救急用品
引率する園児の年齢や場所、季節によっても救急用品の内容は異なります。常に点検し、実施する園外保育にふさわしい用品を用意しましょう。

❺ 小学校の活用

運動会を小学校の校庭を借りて行う園もあることでしょう。小学校の施設には園とは異なる機能をもった環境が多々あります。

小学校の施設を使用させてもらうことは、小学校の環境に親しむことでもあります。

写真10-6　小学校の校庭で

小学校入学前にさまざまな形で小学校の環境に馴染めるように工夫しましょう。

2）園外環境での非日常的な保育――遠足

次に、散歩のような日常的な園外保育が行われる園外環境ではなく、非日常的な、行事の場としての園外環境を確認していきましょう。園外で行われる代表的な行事の一つに遠足があります。徒歩、公共の交通機関や貸し切りバスを使って、また、保護者も参加する場合等、遠足にはさまざまなバリエーションがありますが、遠足で最も重要なのは安全面です。出発から帰着まで、子どもたちが安全で快適に活動できるよう、持ち物という園外環境での環境整備を保護者に要請することも必要です。

このことを、保護者に配布する「遠足のお知らせ*5」を通して具体的に考えてみましょう。図10-1、10-2には、遠足を実施する公園の地図が掲載され、さらに公園で展開する活動にふさわしい持ち物を示すことで、参加者が安心して行動できるよう配慮されています。「遠足のお知らせ」も、園外環境での保育を充実したものとするための大切な環境です。

＊5 配布物
園から保護者に向けた配布物は保育の質の向上に関わる大切な環境です。保護者の理解と協力があってこそ、よりよい保育ができます。

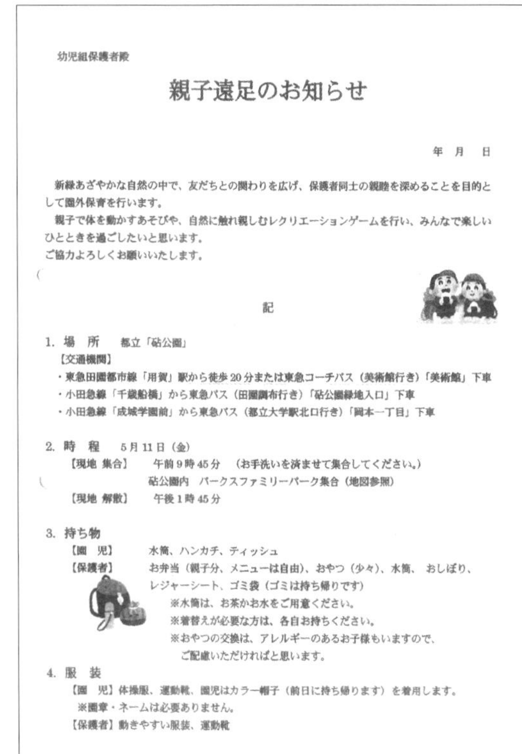
幼児組保護者殿

親子遠足のお知らせ

年　月　日

新緑あざやかな自然の中で、友だちとの関わりを広げ、保護者同士の親睦を深めることを目的として園外保育を行います。
親子で体を動かすあそびや、自然に触れ親しむレクリエーションゲームを行い、みんなで楽しいひとときを過ごしたいと思います。
ご協力よろしくお願いいたします。

記

1. 場　所　都立「砧公園」
【交通機関】
・東急田園都市線「用賀」駅から徒歩20分または東急コーチバス（美術館行き）「美術館」下車
・小田急線「千歳船橋」から東急バス（田園調布行き）「砧公園緑地入口」下車
・小田急線「成城学園前」から東急バス（都立大学駅北口行き）「岡本一丁目」下車

2. 時　程　5月11日（金）
【現地 集合】　午前9時45分　（お手洗いを済ませて集合してください。）
砧公園内　パークスファミリーパーク集合（地図参照）
【現地 解散】　午後1時45分

3. 持ち物
【園　児】　水筒、ハンカチ、ティッシュ
【保護者】　お弁当（親子分、メニューは自由）、おやつ（少々）、水筒、おしぼり、レジャーシート、ゴミ袋（ゴミは持ち帰りです）
※水筒は、お茶かお水をご用意ください。
※着替えが必要な方は、各自お持ちください。
※おやつの交換は、アレルギーのあるお子様もいますので、ご配慮いただければと思います。

4. 服　装
【園　児】体操服、運動靴、園児はカラー帽子（前日に持ち帰ります）を着用します。
※園章・ネームは必要ありません。
【保護者】動きやすい服装、運動靴

図10-1

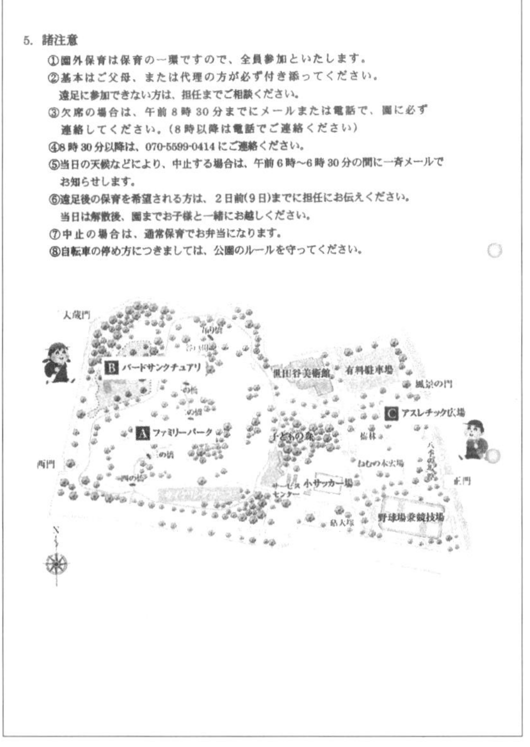
5. 諸注意
①園外保育は保育の一環ですので、全員参加といたします。
②基本はご父母、または代理の方が必ず付き添ってください。
遠足に参加できない方は、担任までご相談ください。
③欠席の場合は、午前8時30分までにメールまたは電話で、園に必ず連絡してください。（8時以降は電話でご連絡ください）
④8時30分以降は、070-5599-0414にご連絡ください。
⑤当日の天候などにより、中止する場合は、午前6時～6時30分の間に一斉メールでお知らせします。
⑥遠足後の保育を希望される方は、2日前(9日)までに担任にお伝えください。
当日は解散後、園までお子様と一緒にお越しください。
⑦中止の場合は、通常保育でお弁当になります。
⑧自転車の停め方につきましては、公園のルールを守ってください。

図10-2

3）園外環境を安全な環境にするには

自然に親しむ、文化に親しむ、人との交流など、遠足の目的や実施する環境は多様ですが、いずれの遠足も日常の保育と大きく異なるのは、遠足の時間のすべてを日常的になじみのない園外環境で過ごすということです。そのため、園外環境は深い学びができるだけではなく、園と同様に安全な環境でなくてはなりません。

園外環境で保育を実施する前には必ず入念な下見をし、危険を回避できるようにします。たとえば、暑い時期の遠足では木陰は休憩場所として最適ですが、死角にもなる場所です。特定の木に触れてアレルギー反応[*6]を示す子どももいます。水場は子どもにとって魅力的ですが、水深が浅くとも大きな事故を招くこともあります。熊や蜂がいる場所もあるでしょう。水道やトイレの場所、数の確認も必要です。また広い場所で行動する場合には、保育者の視野の及ばない場で子どもが活動することのないよう、活動範囲が子どもにもわかるように空間を区切る必要があります。

さまざまな観点から安全性を考慮し対策を講じても、なお不安が残る時には実行を見合わせます。逆にいえば、不安なことが一点でもある場合には、場所の変更や内容を再検討する勇気が必要です。

＊6 アレルギー反応
杉や檜の花粉によるアレルギーはよく知られていますが、漆の木や銀杏の実などに触れることでも、かぶれることがあります。下見の際には、アレルギーを誘発するものがないか調べておきましょう。

2 事例
事例・演習問題

事例1 親子遠足の計画、実施、振り返り

Ａ園では毎年新学期に、親子と教職員の親睦も兼ねて、市内の公園で親子遠足を計画しています。遠足の前には必ず教職員で下見をして計画を立て、当日を迎えます。また、遠足後には教職員で反省会を行い記録に残します。さらに、保護者にも遠足への参加の感想を提出していただくようお願いをしています。これは、次に行う遠足をより良いものにするためです。

この年の遠足のねらいは、「親子で自然を感じ、親子で自然の面白さや不思議さを感じながら、自然とふれあうことを楽しむ」「自然のなかで体を動かしたり、お弁当を食べたりして友だちや保育教諭と関わることを楽しむ」ことでした。そのため、フィールド・ビンゴを計画し、親子で楽しみました。遠足後には保護者から、公園に落ちている枝や葉を袋の中に入れて動かして音を聞き分ける遊びや、空を映し出した鏡を見ながら歩く空中散歩ゲームが楽しかったという感想が寄せられました。

解説

園外環境は、常に教職員が整備・管理している園内環境とは異なり、環境が日々、変化しています。そのため、園外環境で保育を行う際には入念に下見をして、園外保育を行うのにふさわしい環境であるか複数の教職員の目で検討することが重要です。園外保育実施中は常に安全管理に配慮し、園外保育実施後には振り返りを行うことが欠かせません。Ａ園では、参加した保護者へ感想も求めていることから、より多様な立場から園外環境を把握することができています。Ａ園の親子遠足では、遠足のねらいにふさわしい自然環境豊かな公園を選び、保育者がフィールド・ビンゴというネイチャーゲーム*7を計画したことで、公園の自然が十分に活用され

＊7 **ネイチャーゲーム**
自然とふれあう機会が減少している現代、自然に遊び親しむことのできる、さまざまなネイチャーゲームが開発され、保育者向けの講習会も実施されています。

た遠足となりました。

園外保育は必ずしも園の教職員全員が参加できるわけではありません。そのため、計画案、保護者へのお知らせ、反省の記録、保護者からの感想などを文字で残し、教職員全員で共有できるようにすることが大切です。また、園外保育は子どもも大人もなじみのない環境で集団で動くわけですから、活動の流れに対して普段の保育とは異なる時間管理が求められます。タイムスケジュールをしっかりと立てましょう。

演習問題 1

11月の初旬に、子どもの足で園から徒歩10分の場所にある公園で園外保育を行うことになりました。園外保育のねらいは、秋の自然に親しむことと、公園までの経路を安全に歩いていくことです。時間は午前10時から11時20分を予定しています。園の出発から帰着までの、計画を立ててみましょう。

事例 2　芋ほり遠足

A園では毎年、年長児が芋ほり遠足に出かけています。農家の方に教えていただきながら子どもたちが初夏に苗を植え付け、その後は農家の方に世話をしていただき、秋に芋ほり遠足として収穫に行くのです。変化するサツマイモの生長過程は、農家の方が時々写真や手紙で子どもたちに送ってくれます。

遠足の３日前のこと。農家の佐藤さんから送られてきた葉や蔓が茂った畑の写真を保育者が廊下の壁に貼っておくと、年長児たちが写真を見ながら話していました。

Bちゃん「大きい葉っぱがいっぱいだから、きっと大きなお芋ができてる」

Cちゃん「最初は葉っぱ（苗）だったのに、土の中でお芋に変わるんだよね」

Dちゃん「土の中で、虫に食べられてたらどうする？でも、佐藤さんが毎日、お手入れしてくれていたから大丈夫かな」

Cちゃん「虫が全部は食べないでしょ。私たちの分を残しておいてくれるでしょ。きっと、いっぱいとれるよ」

Bちゃん「お芋を去年のうめ組さん、ベランダで干してたよね」
Dちゃん「お日さまの光にあててからスイートポテトをつくってたよね」
Cちゃん「佐藤さんにも、送ってあげたいね」
遠足の持ち物の袋の話になり、子どもたちは、農家の佐藤さんからの手紙の隣に貼ってある、園から保護者へ向けた手紙「芋ほり遠足のお知らせ」の、持ち物の箇所を確認しはじめました。

解説

この事例での会話からは、子どもたちが芋ほり遠足を楽しみにしていることがよく伝わってきます。昨年度の年長組から芋ほり遠足で収穫したサツマイモのスイートポテトのプレゼントを受け取った思い出、初夏に畑で苗を植えた経験、農家から送られてくるサツマイモの生長過程の手紙[*8]と写真についての話から、芋ほり遠足への期待が高まっていることがわかります。

遠足は園とは異なる非日常的な環境で行われる、貴重な経験の時です。一回、遠足に出かけて、その場で楽しんで終わりとするのではなく、遠足の前後に園でどのような環境を用意するかによって、遠足の意味が深まります。

サツマイモの苗を植え収穫することにより作物の生長の変化を、また、苗植えから収穫までの間、子どもたちがサツマイモに関わることができなくても農家の方に育てていただき、随時、生長過程を教えてもらうことで、世話をしてこそ野菜が育つことを学び、かつサツマイモへの関心が持続されます。さらに、保育者が農家の方からの手紙や写真、園から保護者に向けた「遠足のお知らせ」を園内にディスプレイしておくことで、子どもたちは、サツマイモ畑から離れた園内にいても関心をもち続け、遠足の持ち物を確認し合いながら、より充実した遠足にしようとしています。この事例にあるように、園外環境で行われる遠足について、いかに園内環境においても関心をもち、遠足実施以前からも子どもが遠足に主体的に取り組むことができるよう、園内環境を整えるかが重要です。

＊8 手紙
メールやZoom等、離れた場所にいる人とのコミュニケーションの方法は年々進化していますが、手紙というアナログなコミュニケーションの楽しさも幼児期にしっかりと味わってほしいものです。手紙のよいところは、園内に保育環境の一つとしてディスプレイできることです。

演習問題 2

園から徒歩圏[*9]にある農園から、梨狩りのお誘いを受けました。この園では、いつも近所の公園で園外保育を行う際に、保育者と子どもたちで公園のゴミ拾いもしていますが、そのお礼にとお招きを受けました。保育者は話し合い、梨狩りのお招きを受けることにしました。遠足実施に向けて子どもたちの関心を高めるために、保育者はどのような工夫をしたらよいでしょうか。園外環境と園内環境、それぞれを活用した工夫を考えてみましょう。

＊9 徒歩圏
園の徒歩圏の環境について、実際に歩いて調べて園全体で共有することが重要です。遠出をしなくても、子どもたちの深い学びにつながる環境が用意されていることもあります。地域の方のクチコミ情報は頼りになります。

参考文献

◆ 三輪律江・尾木まり編著『まち保育のススメ――おさんぽ・多世代交流・地域交流・防災・まちづくり』萌文社，2017年

コラム

「通園バス」――園外環境と園内環境を結ぶ環境

園外環境と園内環境を結ぶ環境に「通園バス」があります。園児として、このバスに乗車して園に通った方もいることでしょう。

通園バスは保護者の送迎に代わり、バスに乗車している添乗員が送迎するものです。園とバスストップの距離や園バスのコースどり、園の所在する地域の交通状況にもよりますが、園児によっては、片道 1 時間ほど乗車する子どももいます。往復にすると 2 時間前後となり、通園バスは立派な保育環境であることがわかります。

添乗するのは保育者であったり、通園バスの添乗だけをする保育スタッフである場合もあります。乗車するのは、クラスや学年を越えた園児であり、園内での保育とは異なる人間関係が生まれ、バスの車内という限られた空間ではあるものの、言葉遊びや歌、しりとり等、制限された空間ならではの遊びやコミュニケーションが、安全性を第一優先しながら繰り広げられています。保育者にとっては通園バスの時間は保育時間外かもしれませんが、通園バスに乗車をする園児にとっては、園生活の一部分です。通園バスのある園に就職した場合には、バスに添乗しなくても車内での園児の様子に関心をもち、添乗するスタッフから情報を得るよう努めましょう。園内とは異なる姿を園児が見せているかもしれません。

第11章 指導計画と環境

幼稚園教育要領、保育所保育指針、幼保連携型認定こども園教育・保育要領の3法令が、2017（平成29）年に告示されました。本章では、3法令を基に「指導計画と環境」について学びます。

本章の構成

1　3法令の共通な計画

1）全体的な計画
2）幼児期の終わりまでに育ってほしい姿

2　指導計画とは

1）指導計画の種類
2）指導計画の立て方

❶ねらいの書き方
❷内容の書き方
❸環境構成
❹評価・振り返り

3　指導計画の作成

1）指導計画の作成

❶月の指導計画
❷週案の立て方
❸日案の立て方
❹個別の指導計画

演習問題

コラム

3法令の共通な計画

子どもたちが、園生活を楽しく過ごせるようにするために、保育者たちが緻密な指導計画を作成しています。今回の告示に対してさまざまな点が改訂（定）されていますが、そのなかでも以下の2点においては留意しながら指導計画を作成しましょう。

1）全体的な計画

保育所、幼稚園、幼保連携型認定こども園では、計画に基づいて保育を行っています。幼稚園では、『学校教育法』の学校として位置づけられているため教育課程を作成しますが、保育所ではこの教育課程にあたるのが保育課程になります。

教育課程や保育課程は、この園でどのような子どもを育てたいのか、なぜそのような子どもを育てたいのか、それにはどのような環境が必要か、など園の教育方針を立案する全体的な計画のことです。今回の改訂（定）により、保育課程は「全体的な計画」と称することになりました。

2）幼児期の終わりまでに育ってほしい姿

今回の改訂（定）において、総則のなかに「幼児期の終わりまでに育ってほしい姿」が加わりました[*1]。

保育所、幼稚園、幼保連携型認定こども園では、０歳あるいは３歳から５歳児後半に特に伸びていくこの10項目を、どのように育てていくのが適切なのかを考えながら作成していく必要があります。

＊1 幼児期の終わりまでに育ってほしい姿
第2章参照。

2 指導計画とは

本節では、指導計画の種類と指導計画の立て方を記述します。指導計画の立て方には、ねらい、内容、環境構成、評価・振り返りなどが含まれます。では、順を追ってみていきましょう。

1）指導計画の種類

指導計画は、全体的な計画に基づいて具体的な保育が適切に展開されるように子どもの生活や発達を見通した長期的な指導計画と、それと関連しながら、より具体的な子どもの日々の生活に即した短期的な指導計画があります。前者には、年間指導計画と学期の指導計画、月の指導計画があります。後者は、週案と日案にあたります。

2）指導計画の立て方

❶ ねらいの書き方

「ねらい」は、保育、幼稚園教育において育みたい資質・能力を子どもの生活する場から捉えたものです。「ねらい」は、乳児保育に関わるねらい、１歳以上３歳未満児の保育に関わるねらい、３歳以上児の保育に関わるねらいがあります。特に留意しておく点として、乳児保育に関わるねらいは以下の３つの視点で書かれているということです。㈠健やかに伸び伸びと育つ、㈡身近な人と気持ちが通じ合う、㈢身近なものと関わり感性が育つ、この３つが視点となります。１歳以上は、５領域のなかにそれぞれの視点がありねらいが書かれています。「ねらい」を設定する場合には、どの年齢の子どもの「ねらい」なのかを考慮することが大切になります。

❷ 内容の書き方

「内容」は、「ねらい」を達成するためにどのような経験や体験をしたらよいかを考えます。「ねらい」を具体化したものであり、子どもが生活をするなかでその事柄に触れることができるように設定します。

❸ 環境構成

環境を構成するにあたっては、子どもの発達や生活する姿を重視するようにしましょう。環境は、ねらいを達成できるように構成することであり、子ども自らがその環境に関わりながら活動を展開し、必要な体験をすることを意味します。特に「保育所保育指針」のなかでは、保育の環境について4項目を述べています。1つ目は、子ども自らが環境に関わり、自発的に活動し、さまざまな経験を積んでいくことができるように配慮すること。2つ目は、子どもの活動が豊かに展開されるよう、保育所の設備や環境を整え、保育所の保健的環境や安全の確保などに努めること。3つ目は、保育室は温かな親しみとくつろぎの場となるとともに、生き生きと活動できる場となるように配慮すること。4つ目は、子どもが人と関わる力を育てていくため、子ども自らが周囲の子どもや大人と関わっていくことができる環境を整えること。「幼稚園教育要領」のなかにも「幼稚園教育は、…環境を通して行うものであることを基本とする」とあります。いずれにしても、子どもたちは環境を通してさまざまな活動に取り組んでいることになります。

❹ 評価・振り返り

保育者は、保育の計画や保育の記録を通して、自らの保育の実践を振り返り、自己評価しなければなりません。これは、その専門性の向上や保育実践の改善につながり、明日の保育をより充実させることになります。

評価・振り返りをする際に用いられる手法の一つとして、PDCAサイクルがあります。これは、計画（PLAN)、実践（DO)、評価（CHECK)、改善（ACTION）が循環されることです。保育の場面から考えるならば、保育者が子どもの姿から保育を計画し、実践し、保育を振り返り、改善点を踏まえて再計画、実践へと循環します。

指導計画の作成

本節では、さまざまな指導計画の種類とその立て方について記述します。ここでは、特に発達の流れがわかるように、乳児クラス 0 歳児の月案と活動の姿がよくわかる幼児クラス 4 歳児の日案を掲載します。これらの指導計画を環境の視点からみていきましょう。

1）指導計画の作成

ここでは、長期的な指導計画である月の指導計画と、短期的な指導計画である週案、日案を紹介します。その後、演習問題へ進みましょう。

❶ 月の指導計画

月の計画は、0 歳児を提示しました。0 歳児は、1 年間の成長が最も著しい時期ですが、日々の保育のなかで成長発達を考えると、ある期間を経て一つの活動を体得するようになるため、月案では 0 歳児を取り入れることにしました。月案の項目のなかには、環境構成・保育者の援助と書かれています。月齢とともに変化していく環境構成を捉えましょう（表11-1）。

❷ 週案の立て方

週案は、月案を具体化したものです。月案を基に 1 週間を見通した計画であり、前の週の子どもの姿から翌週の子どもの姿を想像して作成します。表11-3の週案をみると「活動」「ねらい・配慮」「環境設定」「評価・反省・子どもの様子」に分かれています。環境設定とは、ねらいを達成するために配慮する項目にあたります。

❸ 日案の立て方

日案は、M保育所の開園から閉園の 1 日の姿です。クラスは、4 歳児を対象にしました。「環境構成・教材」の項目を時系列に追いながら 1 日の

表11-1　月案

0 歳 児　5 月　月 案　(NO.1)	園長印	副園長印	主任印	担任印

ねらい	●ゆったりとした雰囲気のなか、一人ひとりの生活リズムが整い、安心して過ごす ●春の自然に興味をもち、散歩や外気浴を楽しむ

氏名	Aちゃん　（4か月）	Bくん　（7か月）	Cくん　（10か月）	Dちゃん　（12か月）
子どもの姿	・午前睡をし、すっきりと起きることができ、玩具を持たせると、握って、舐めたり、振ったりして楽しんでいる。 ・ミルクをよく飲み、飲み終えると、満足し、機嫌よく遊ぶ姿が見られる。 ・保育者が言葉をかけ、あやすと、声を出して笑い、喜ぶ。	・人見知りが始まり、朝の受け入れの際に泣きだすが、抱っこや優しく話しかけられることで落ち着く。 ・腹ばいになり、興味のある玩具に、自分で手を伸ばし、取ろうとする。 ・「あー」「うー」と喃語を発して、機嫌よく過ごしている。	・色々なものに興味を示し、ハイハイで動きまわる姿が見られた。つかまり立ちをしようとすることもあるが、まだ安定していない。 ・興味をもった玩具を手に取り、触ったり、口に入れ感触を確かめている。 ・担任に名前を呼ばれると、嬉しそうに笑う姿が見られる。	・音楽や歌に合わせて、身体を揺らしたり、手を叩いたりしている。 ・友だちや保育者などの顔を覗きこみ、笑顔を誘おうとする。 ・簡単な言葉の理解が進み、「座ろうね」と言うと座ったり、「まだだよ」と言うと止まったりしている。
ねらいと内容	●生理的欲求を満たしてもらい、心地よく過ごし、玩具を掴んで、音を楽しんだり、感触を楽しむ。 ●保育者に抱っこをされながら、外の景色を眺めたり、摘んだ花を見る。 ・落ち着いた環境のなかで、ミルクを飲み、満足感を味わう。 ・保育者に話しかけてもらい、声を聞いて安心感を得る。	●抱きしめたり、言葉をかけたりして、安心感を得られるようにする。 ●保育者と一緒に草花を採ったり、てんとう虫やありを見つける。 ・興味ある玩具を選び、手から手に持ち替えながら、遊ぶ。 ・機嫌のよい時は、喃語が盛んになり、同じ言葉を返すことで、言葉を発することを楽しむ。	●登園、朝おやつ、給食等、言葉を繰り返しかけ、園の生活リズムを認識していく。 ●戸外に出て、自ら草花に触れ、感触やにおいを感じる。 ・安全な環境のなかで、つかまり立ちや、ハイハイをすることを楽しむ。 ・保育者の声かけや関わりにより、色々な玩具に興味を示して遊ぼうとする。 ・保育者との関わりを喜び、話しかけに応え、ふれあいを通して信頼関係を築いていく。	●保育者との毎日の関わりのなかで、信頼関係を築き、落ち着いて過ごせるようにする。 ●タンポポやシロツメクサを、見たり触ったりして春を感じていく。 ・季節の歌や手遊びを、保育者と一緒に楽しむ。 ・保育者や友だちに関心をもち、自分から関わりをもとうとする。 ・毎日の応答的な関わりから、言葉の意味を理解し、行動ができるようにする。
環境構成 保育者の援助	・握りやすい玩具、色の美しいものを選び、保育者と目を合わせながら、スキンシップをとり、愛着関係を築いていく。 ・落ち着いてミルクを飲めるよう、他児との空間を区別していく。 ・いつでも欲求を受けとめてくれる保育者などの存在を感じ、安心感をもって関われるようにする。	・不安になった時には、優しく気持ちを受けとめ、言葉をかけていき、保育者が安心できる存在になれるようにする。 ・玩具（握って音が出る物など）を手を伸ばした先に置くことで、自分から身体を動かし、取りにいけるようにする。 ・保育者とふれあいを楽しむなかで、自然と喃語を発していけるようにする。	・けがのないよう、つかまり立ちの際には身体を支えるようにして見守る。 ・興味をもたせるような玩具（音が鳴る玩具など）を用意し、声がけをしたり、遊び方を見せて伝えていく。 ・目を合わせながら、名前を呼んだり話しかけるようにし、スキンシップをとるようにする。	・歌うことの楽しさを、十分に味わえるようにし、動作を大きく、楽しさを共有できるようにする。 ・本児の遊びを見守りながら、必要に応じて援助、仲立ちをし、一緒に遊んだりして、楽しさが味わえるようにする。 ・わかりやすく、はっきりと発音し、ゆっくりと言葉を話すように心がけ、話していることに興味がもてるようにする。
食育	ミルクを飲みたいという欲求に応え、ゆったりとした気持ちや環境のなかで、ミルクを飲めるようにする。	離乳食の色々な味や感触に慣れ、スプーンにも慣れていき、近づけると口を開けるようにしていく。	よく噛めるように言葉をかけながら食べ進めていく。	完了食に向けて食べられる食材が増えた事で、食材や味に少しづつ慣れていく。
保護者支援	園での生活のなかで、細かい成長の変化や、生活リズムの変化を園と家庭とで伝え合うようにしていく。	園での様子を細かに伝え、機嫌よく遊んでいる様子等も伝えていく。保護者からの話に耳を傾け、話しやすい関係性を築いていく。	園での食事の状況を伝え、家庭での様子も細かにきき、連携を取っていく。	体調、園での様子、食事について、少しの変化についてもこまめにやりとりをしていく大切さを伝えていく。
反省 評価	午前睡、ミルク、午睡、遊び等の時間が安定してきている。少しずつ、保育者との関わりのなかで、愛着ができ、安心して過ごせるようにしていく。	人見知りが始まり、泣くこともあるが、担任が安心できるよりどころとなり、担任と一緒に、担任以外の保育者と関わりをもてるようにしていく。	落ち着いて生活が送れている。動きも活発になってきたため、けがのないように見守り、探索活動を広げていけるようにする。	笑顔が増え、手遊びや、身体を動かし、楽しんでいる様子が見られる。保育者や他児との関わりも、保育者が仲立ちをしながら促していく。

流れを確認しましょう（表11-2）。

❹ 個別の指導計画

「個別の指導計画」とは、月齢差や個別差が著しい０歳～２歳児の子どもたちを一人ひとり深く理解するために作成する計画です。M保育園では、０歳～２歳児までは「個別の指導計画」と週案、月案が書かれています。ほかの園では、「個別の指導計画」を詳細に作成することにより、特に０・１歳児の「週案」「日案」は書かず、２歳児クラスになって子どもたちが友だちに目を向け、活動や関係の広がりが見られるようになった際に、「週案」「日案」が必要になるという園の考え方もあります。

M保育所の「個別の指導計画」は、月案（表11-1）の大部分を占めています。クラスの共通内容は「ねらい」であり、その下からは個別の指導計画になっています。また、ある園では、「月案」の紙面の半分はクラスの指導計画になり、残りの半分は「個別の指導計画」を記載しています。その際、「個別の指導計画」には子どもの姿、ねらい、保育者の関わりと配慮の３項目を記述してあります。園によってさまざまな記入方法がありますが、記述する項目は共通しています。

（協力：社会福祉法人山吹会妙音沢もみじ保育園）

表11-2　日案

2020年８月●日		ぱんだ組 （４歳児・13名）	主な活動	製作（コスモス）、戸外遊び
			ねらい	秋の花を知り、意欲的に製作活動に取り組む

時間	環境構成・教材	子どもの活動	保育者の動き・援助・配慮
7：00	・玩具の用意（ブロックなど大人数で遊べるもの） ・時間、人数に応じて部屋を移動する。	○順次登園 ・１歳児保育室にて合同保育 ・玩具や絵本などで自由遊び	・子どもの様子を細かく視診する。（体調、顔色、けが） ・保護者にいつもと異なる様子がないかを確認する。 ・子どもの人数によって保育者の配置を声をかけながら替えていくようにする。 ・担任に伝達忘れがないように登降園チェック簿に伝達を記入する。 ・保護者と離れる際に不安にならないような声かけや関わりを行っていく。
8：40	・玩具用マットの用意 ・玩具の用意（子どもたちが玩具を選択する。おままごと、ブロック、絵本、衣装など） ・消毒の用意（手指消毒）	○各クラスに移動（４、５歳児は合同） ・手の消毒 ・ロッカーの前に座る。 ・玩具の用意（５歳児と一緒に） ・玩具や絵本などで自由遊び	・階段を昇る際のお約束（押さない、抜かさない、手すりを持つ） ・玩具は５歳児が相談しながら選べるように声をかけていく。 ・引き続き受け入れをしながら子どもにけがや事故がないように見守る（９：00受け入れ完了）。
9：15		○玩具片付け ・玩具、マットは協力しながら片付けを行う。	・片付けを協力して行うように声をかけ、トラブルが起きた際には仲裁に入る。 ・片付けが終わった子から朝の会の位置に並ぶように声をかける。
9：25	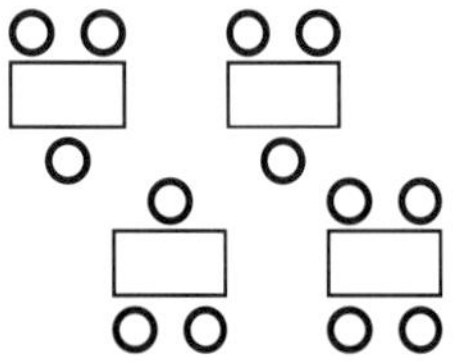 ・机の用意 ・教材の用意（画用紙で作った顔の型、のり、マーカー、クレヨン、ハサミ）	○朝の会（４、５歳児合同） ・朝の歌、挨拶、今月の歌 出席、日付の確認 当番の発表 ○今日の流れを聞く。 ○トイレ、手洗い、水分補給 ※終了した子からいすを出して席に着く。	・元気に楽しく参加できるような声かけを行う。 ・季節の歌は覚えるまでは歌詞の前出しなどを一緒に歌うようにし覚えられるようにする。 ・出席確認の際は右手を伸ばしてはっきりとした声で返事をするように予め声をかける。 ・日付の確認は当番に聞いてから保育者が復唱することでその後全員で言う際にわかりやすいようにする。 ・今日１日期待がもてるような説明をするようにする。 ・トイレに行く際は歩いていくこと、トイレでの並び方、シャツをズボンに入れることなど個々に応じて声をかけていく。
9：50	 	○製作（コスモス、自画像） ※自画像※ ・マーカーの準備 ・顔を描く。 ※コスモス※ ・マーカーを片付け、クレヨンを準備する。 ・コスモスにクレヨンで花の中心、葉、茎等を描く。 ・その後とんぼや太陽など自由に描く。	・前回絵の具で描いたものの振り返りを行い、今日は何をするかを期待がもてるような言葉かけで説明する。 ・顔のパーツの場所、色を子どもたちと一緒にクイズ形式で行いながら伝えていく。 ・机を回りながら子どもたちの頑張りを言葉にして発信することで意欲的に取り組めるようにする。 ・困っている子には援助しつつ声をかけていく。 ・終わったら手を膝において終了した旨がわかるように声をかけていく。 ・マーカーを片付け、クレヨンを持ってくるように伝える。 ・色、形などを図鑑などを用いて確認しながら想像したうえで声をかけるようにする。 ・見本は描くが子どもたちの発想力を大切にし、否定的な言葉は使わないようにする。

日案（No.2）

時間	環境構成・教材	子どもの活動	保育者の動き・援助・配慮
10:20		○終了（クレヨン片付け） ○トイレ、手洗い、水分補給 ・終わった子どもから帽子、水筒を持って外に行く準備をする。 ・事務所に挨拶 ・靴を履く。	・子どもたちが楽しかったと思えるような言葉かけをする。 ・次の活動についての説明をする。 ・トイレに行く際は歩いていくこと、トイレでの並び方、シャツをズボンに入れることなど個々に応じて声をかけていく。 ・帽子、水筒など忘れていないかを確認し、並ぶように促す（人数確認）。 ・階段を降りる際のお約束 （押さない、抜かさない、手すりを持つ）
10:30		○戸外遊び ・ドロケイを全員で行う。 ・自由遊び	・ルールのある遊びを取り入れ、友達と協力しながら行うことの楽しさを感じられるようにする。 ・子どもたちとやりたいことを話し合い、遊具を決定することによりけがや事故の防止につなげる。 ・トラブルが起きた際にはすぐに仲介に入るのでは無く、見守りつつ自分達で解決できるようにする。 ・全体を見渡せる場所に立つようにし、さまざまなことを想定しておく。 ・気温、天気に応じて休息や水分補給をしていく。
11:10	・机の配置 ・消毒の用意 （手指の消毒）	○戸外遊び終了 ・上履に履き替える。 ・事務所に挨拶 ・帽子片付け、着替え、トイレ手洗い、うがい、給食の準備	・人数確認を行い、けがをしていないかの確認をする。 ・上履の左右の確認 ・挨拶するように声をかける。 ・階段を昇る際のお約束 （押さない、抜かさない、手すりを持つ） ・今後することを伝える。 （帽子片付け、着替え、トイレ、手洗い、うがい） ・見守りつつ給食の準備を行う（机の配置）。 ・遅れがちな子には声をかけたり、援助していく。
11:30		○給食準備 ・手は膝において待つ。 ・配膳（苦手な物は減らして欲しい旨を伝える）	・給食の準備をしながら個々に応じて給食の量を変えていくようにする。 ・落としたり、こぼしたりしないようにその都度正しい持ち方を促していく。
11:45	・音楽をかける（各クラスで音楽を選択する。ピアノで演奏している曲など）。	○給食開始（30～35分間） ・会話を楽しみながら食べる。 ・予告された終了時間を気にしながら食べようとする。	・食器や箸の持ち方、座り方、食べる姿勢など個々に声かけをしていく。 ・会話を楽しみつつ、食事が疎かにならないように伝える。 ・苦手な物を食べた時にはたくさん誉めるようにし、達成感を与え次回につなげられるようにする。 ・食べ残しがないように、ご飯などを集めて食べるように声をかける。 ・食べ進みに応じて時間を再度設定し直すこともある。
12:15	・机の片付け ・掃除（ほうき・雑巾） ・布団を敷く。	○給食終了 ・下膳、タオル片付け、歯ブラシ、いすの片付け ・終わった子から絵本を読む。 ・トイレに行く。	・下膳の際はお盆ごと移動するため落とさないように少人数ずつ持ってくるように促す。 ・タオルの片付け、歯ブラシが疎かにならないようにその都度声をかけていく。 ・机の片付け、掃除、布団の用意 ・午睡中オムツをつけている子どもに履き替えるように促す。

日案（No.3）

時間	環境構成・教材	子どもの活動	保育者の動き・援助・配慮
		○絵本の読み聞かせ ・おやすみなさいのご挨拶	・子どもたちのリクエストの本や紙芝居を読む。 ・挨拶後一人ずつ優しい言葉をかけたり、スキンシップ等を行い、安心して眠れるようにする。
12:45	・音楽をかける（お昼寝用：乳児は胎動音など、幼児はオルゴールで演奏されている曲）。	○午睡	・タオルをかけ直したり、トントンしたりしながら眠りにつけるようにする。 ・個々に応じて時間を見ながら途中にトイレに連れて行く。 ・日誌、クラスノート、連絡帳の記入 ・主活動の準備など
14:55	・換気 ・机の準備 ・消毒の準備 （手指消毒）	○起床 ・布団を片付ける。 ・靴下、上履を履きトイレに行く。 ・手洗い、おやつの準備	・換気をしながら布団の片付けの補助 ・起きられない子にはそばで声をかける。 ・机の準備 ・おやつの準備 （体調に応じて量、牛乳の有無を決める）
15:15	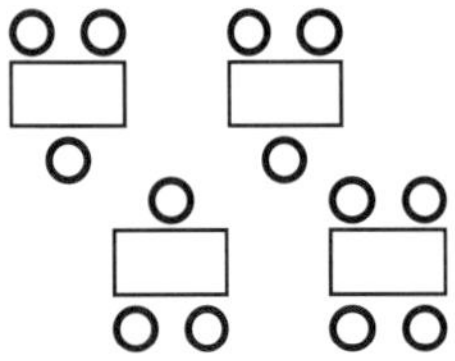 ・雑巾準備	○おやつ開始（15分） ・会話を楽しみながら食べる。 ・予告された終了時間を気にしながら食べようとする。	・座り方、食べる姿勢など個々に声かけをしていく。 ・会話を楽しみつつ、食事が疎かにならないように伝える。 ・苦手な物を食べた時にはたくさん誉めるようにし、達成感を与え次回につなげられるようにする。 ・食べ進みを見つつ、雑巾の準備をする。
15:30	・机の片付け ・掃除（ほうき、雑巾）	○おやつ終了 ・下膳、コップ・歯ブラシ片付け ・いす、連絡帳片付け ・雑巾を絞る。 ・雑巾がけ ・終了後雑巾を洗い、トイレ	・片付け忘れていないかを確認し、雑巾の絞りが緩い場合には一緒に行うようにする。 ・机の片付け ・掃除 ・雑巾がけの際にはぶつかったり、滑って転ばないように気を付ける旨を伝える。 ・滑らないように拭き直しをする。
15:50		○帰りの会 ・日付の確認、当番に挨拶 ・当番からの発表 ・明日の当番の発表 ・今日の活動の振り返り ・明日の活動の予告 ・帰りの歌、挨拶	・日付を覚えられるように子どもたちと一緒に考える時間を設ける。 ・当番は「僕は～です」「私は～です」と楽しかったこと、頑張ったことをみんなの前で発表できるようにしていく。 ・今日の振り返りを子どもたちと楽しかったこと、大変だったことなどを一緒に思い出しながら話していく。 ・明日保育園に来ることが楽しみになるような話をしていく。
16:00	・暑さを考慮し室内での保育となる。 ・玩具用マットの用意 ・玩具の用意 （カプラ、ぬいぐるみ、レゴブロック、コーナー遊び〈かるた・すごろく〉）	○合同保育（４、５歳児） ・玩具の用意（５歳児と一緒に） ・玩具や絵本などで自由遊び	・４、５歳児合同のため子どもの様子の引継ぎを行う。 ・お迎え対応をしながら子どもにけがや事故がないように見守る。 ・保護者へけが、体調の伝達をしたり、子どもの様子や頑張っていることを伝える。
17:10		○玩具片付け ・トイレ、手洗い、水分補給 ・コップ袋、タオルを片付ける。	・玩具を片付けるように促す。 ・しまい忘れがないように確認し、声をかける。 ・合同保育の準備
17:30	・玩具用マットの用意 ・玩具の用意（絵本、ブロックなど）	○合同保育（３、４、５歳児） ・玩具の用意（５歳児と一緒に） ・玩具や絵本などで自由遊び	・遅番に引き継ぎを行う、人数の点呼、確認 ・お迎え対応をしながら子どもにけがや事故がないように見守る。 ・保護者へけが、体調の伝達をしたり、子どもの様子や頑張っていることを伝える。

日案（No.4）

時間	環境構成・教材	子どもの活動	保育者の動き・援助・配慮
17:45		○玩具片付け ・荷物を全部持つ。 （リュック、汚れ物袋） ・１歳児クラスに移動	・荷物の持ち忘れがないように確認する。 ・人数の確認、点呼 ・階段を降りる際のお約束 （押さない、抜かさない、手すりを持つ） ・荷物を持って降りるため、年齢によって汚れ物袋は保育士が持つ。
18:00	・玩具用マットの用意 ・玩具の用意 （ぬりえ、絵本）	○合同保育（全学年） ・18：00以降は延長保育	・子どもを見守りつつ、室内の環境整備を行う。 ・お迎え対応をしながら子どもにけがや事故がないように見守る。 ・人数が減ってくるため子どもが不安にならないように寄り添っていく。 ・全員が帰り次第、給食サンプル片付け、消灯、明日の準備
19:00		○閉園	

表11-3　週案

2歳児　週案　週のねらい（戸外で伸び伸びと身体を動かすことを楽しむ）	園長	副園長	主任	担任

月日	5月○日(月)	5月○日(火)	5月○日(水)	5月○日(木)	5月○日(金)	5月○日(土)	保護者支援
活動	・月曜集会 ・戸外遊び	・リズム遊び	・製作（あおむし）	・体操教室	・散歩（川沿い）	・合同保育	・トイレトレーニングが始まったため着替えを多めに用意していただくように発信する。
ねらい・配慮	●音楽に合わせて身体を動かす。 ・子どもたちが意欲的に身体を動かせるように声かけを行う。 ・保育者同士声をかけあいながら保育者の配置を決め、死角がないように気をつけて見ていく。		●春の虫に興味をもち楽しんでつくる。 ・図鑑や絵本などで興味をもてるような導入を行い、楽しんでつくれるようにする。 ・肯定的な言葉を多く使うことで子どもたちに達成感が味わえるようにする。	●戸外にて身体を充分に動かす。 ・体操の先生の話に耳を傾けられるように声をかけていく。 ・苦手な子には無理はさせず、寄り添っていくことで安心できるように配慮していく。	●道路の歩き方を覚える。 ・道路の歩き方、横断歩道の渡り方をその都度伝えるようにする。 ・川にいる動植物に興味をもてるように声をかけたり発見を共有できるようにしていく。	・土曜日誌に記入	備考（特記事項） 月 Aくん ・昨日からお腹がゆるいため、牛乳を控えて様子を見ている。 火 Bちゃん ・トイレでの排尿が増えてきたため、保護者に伝えてパンツを用意していただく。
環境設定							
評価・反省・子どもの様子	・少しずつだが2列に並ぶことを意識し始めるようになる。 ・音楽がかかると自然と身体を動かし始める子と、全く動かない子にわかれる。 ・保育者が振りの声をかける事で、手や足を動かすことを楽しんでいた。 ・戸外遊びではだんごむしを見つけ、保育者や友だちに教えることで共有することを喜んでいた。 ・週明けだったが泣いたりすることなく落ち着いて過ごせた。		・子どもたちが好きな絵本を導入に用いることで、製作を楽しみにしている姿が見られた。 ・進級して初めて糊を使用したため、少人数ずつ行い、糊をつける指、量など一緒に行うことで覚えられるようにした。 ・糊の感触が苦手な子もいたため、手を拭きつつ無理をしないように促していった。 ・出来上がりを子どもたちと見せあい、喜ぶ姿が見られた。	・体操は戸外にて行った。 ・鉄棒のぶら下がりは初めてだったが、子どもたちは意欲的に取り組み、できるととても嬉しそうにしていた。 ・追いかけっこはまだルールは理解していない部分もあるが、追いかけられると楽しそうに逃げていた。 ・気温が高かったため水分補給と休息をこまめに取るようにし、体調管理に努めるようにした。	・散歩は久しぶりだったため子どもたちはとても楽しみにしている様子だった。 ・散歩ロープを使ったため、手から離さないように予め話をしたこともあり上手に持って歩くことができていた。 ・川沿いではカモや魚や、道端に花が咲いているのを見て、子どもたちから「○○がいたよ」など発見したことを言葉にして伝えようとする姿が多く見られた。		水 Cくん ・他児に対して手が出ることが多い。まだ言葉が出ないことが多いため気持ちをくみ取りつつ手は出さないように伝える。 木 Dちゃん ・朝から機嫌が悪く、急に泣き出したり、怒ったりする姿が見られる。情緒が安定するように声をかけ寄り添うようにしていく。 金 Eちゃん ・朝から元気がない。給食前に38℃の発熱があった為保護者に連絡。午睡前にお迎えが来たため早退となる。 土

演習問題

2歳児の週案が書かれています（表11-3）。活動のねらいに対してどのような環境設定が必要か考えてみましょう。

参考文献

- 今井和子監『育ちの理解と指導計画 改訂版』小学館，2019年
- 近藤幹生・今井和子監、今井和子・矢島敬子編著『乳児保育』ミネルヴァ書房，2019年
- 厚生労働省『保育所保育指針〈平成29年告示〉』フレーベル館，2017年
- 松本峰雄監『乳児保育演習ブック 第２版』ミネルヴァ書房，2019年
- 無藤隆監、岩立京子編者代表『新訂 事例で学ぶ保育内容――領域 人間関係』萌文書林，2018年
- 無藤隆・汐見稔幸・砂上史子『ここがポイント！ ３法令ガイドブック』フレーベル館，2017年
- 文部科学省『幼稚園教育要領〈平成29年告示〉』フレーベル館，2017年
- 内閣府・文部科学省・厚生労働省『幼保連携型認定こども園教育・保育要領〈平成29年告示〉』フレーベル館，2017年
- 塩美佐枝編著『保育内容総論 第４版』同文書院，2019年

コラム

『青虫の変身』

５歳児のＡ君は、園庭の花壇に植えてあるパセリの上に青虫がいるのを見つけます。Ａ君は、その青虫がパセリを食べている姿を真剣に見ています。保育者は、Ａ君の姿を見るとカメラを持ってきました。Ａ君は、保育者のカメラを見ると「あ！カメラだ」と話します。保育者が、「青虫を写真に撮ろう！」と話すとＡ君は「ぼくがとる」と言います。Ａ君の姿を見たほかの子どもたちも写真を撮りたがります。この日からＡ君をはじめほかの子どもたちは、青虫の写真を撮り続けました。保育室のなかでは、撮った青虫を思い出しながら自由画帳に絵を描く子どもたちもいます。やがて青虫はサナギになり、チョウチョになりました。特に青虫に興味をもっている子どもは、青虫の姿を絵日記のように描いている子どももいました。その子どもは、保育者に自分が描いた青虫の成長過程を説明することもありました。チョウチョになった姿を見た子どもたちは数名だったため、保育者はクラス全員の子どもたちにその姿を見せたいと考えました。そこで、保育者はこれまで子どもたちが撮った青虫の成長過程の写真をパワーポイントで見られるように作成しました。子どもたちが、パワーポイントで青虫からチョウチョになる変化を見ることにより、生きているということを皆で理解し、命の大切さを実感できた体験でもありました。

第12章 多文化・障害のある子どもの環境

近年、保育所や幼稚園では、増加傾向にある外国籍の子どもや発達に課題のある子どもへの支援が求められています。本章では、すべての子どもたちがともに育ち合うインクルーシブ保育の実践において、多文化や障害のある子どもに視点を当てて必要な環境について理解していきます。

本章の構成

1 保育におけるインクルージョン

近年、教育や保育の分野ではインクルーシブ教育やインクルーシブ保育という言葉を耳にすることが増えてきました。ここでは、インクルージョン、あるいはインクルーシブという言葉にはどのような意味があり、インクルーシブ教育、インクルーシブ保育とはどのような教育や保育のことなのかを確認していきます。

1）多様性が当たり前の保育

社会は多様化が進んでいるといわれています。多様化とは、言い換えれば、一人ひとり皆違うということであり、その違いに共通した属性が存在することでもあります。それらの違いにきちんと目を向け互いを理解し、認め合い、尊重し合い、必要があれば助け合う社会の実現が問われる時代になっています。その流れをソーシャルインクルージョンといいます。

保育園や幼稚園に目を向けてみましょう。園には、たくさんの子どもたちがともに生活をしています。背が高い子、低い子、外遊びが好きな子、部屋のなかで遊ぶのが好きな子、アレルギーがある子とない子、補聴器を付けている子や眼鏡をかけている子、落ち着きのない子、おとなしい子、外国語を話す子、日本語を話せない子など、一人ひとり皆異なります。子どもが有する特徴のなかには、ともに生活をするなかで配慮や援助が必要な場合もあります。また、発達を支援するうえでも個々のニーズに応じた関わりが必要になることもあります。このように保育では、子ども一人ひとりに寄り添いながら、子どもたちの生活と育ちを支えます。

集団生活を送るなかで、子どもたちは成長とともに徐々に自分と他者との違いに気づくようになります。たとえば、「Aちゃんは、なんで目が青いの？」「なんでBちゃんは、歩けないの？」など不思議に思ったことをそのまま口にしたりします。そのような子どもが純粋に発する「なぜ？」は発達上とても大事で当たり前の行動です。子どもはなぜ違うのかに興味があり、その理由がわかると、違いは特別なことではなくなり、その子自身を見て受け止めるようになります。つまり、違うことが特別なことではなく、自分以外にいろいろな子どもがいるのが当たり前のこととして、子どもは捉えるようになります。

しかし、時には、子どもの疑問に対する大人の応答の仕方によって、子どもが知りたいこと以上の情報を与えてしまうこともあります。たとえば、クラスに落ち着きがなく、多動な注意欠陥多動症[*1]の子が複数いると、集団保育が展開しにくく、保育者が困ってしまうことがあります。時々、保育者の困り感は、意図せずに言葉や行動に表れてしまうことがあります。そのような保育者の様子が子どもに伝わると、子どもたち自身も多様性のある子どもに対してネガティブなイメージを抱いてしまうこともあります。これらの積み重ねが徐々に偏見や差別へとつながってしまう可能性も否定できません。子どもは、日々の生活を通して保育者から直接的にも間接的にも影響を受けます。保育者は保育環境を構成する役割を担っていますが、同時に自身が人的環境でもあるのです。幼児期の教育は、生涯にわたる人格形成の基礎を培う重要なものであることを踏まえると、子どもの多様性が当たり前に受け止められる保育環境が求められます。

＊1 注意欠陥多動症
年齢または発達水準に不相応な不注意、多動・衝動性を特徴とする障害。

2）インクルーシブ教育・保育とは

「インクルーシブ」という言葉には、包括する、すべてを受け入れるという意味があります。世界的にノーマライゼーション[*2]の理念が浸透し、その理念がめざす社会の具体的なあり方の一つとして、何人も排除しない、ともに生きる社会の実現、つまり「ソーシャルインクルージョン」が目指されるようになりました。そのうえで「インクルーシブ教育」「インクルーシブ保育」とは、「子ども一人ひとり違うのが当たり前という考えを前提に、すべての子どもを包み込む教育環境の中で特別なニーズに応じた教育、保育援助を行うこと」[1)] を意味します。

我が国では、2012（平成24）年に文部科学省の特別支援教育の在り方に関する特別委員会が「共生社会の形成に向けたインクルーシブ教育システム構築のための特別支援教育の推進（報告）」において、インクルーシブ教育システムの構築を推進することが明言されました。この流れを受けて、保育分野においても少しずつですが「インクルーシブ保育」という言

＊2 ノーマライゼーション
デンマークのバンク・ミケルセンが提唱した理念。我が国では、『厚生白書　平成8年版』において、一般に障害のあるなしにかかわらず、地域において、ごく普通の生活をしていけるような社会をつくっていくこととされています。

葉が用いられるようになってきました。しかし、まだ保育現場においても一般的に認知されるまでには至っていません。

すべての子どもを受け入れて、どのような子どもにも合う保育を実現しようとするなら、子ども一人ひとりの保育ニーズに対応しうる多様性のある保育とそれを可能にする合理的配慮（本章コラム参照）が求められることになります。保育をする側にとっては、保育に求められる役割が多様化するなかで、個々の保育ニーズに応じることは容易なことではないのは明らかです。しかし、このような保育を行ううえでもっとも大事なのは、保育者のマインドセットです。ここでいうマインドセットとは、多様化する社会に目を向け、子どもたちにどのように育ってほしいか、そのためにはどのような保育を実践したいか、時代に対応した保育観をもつということです。保育者が多様な子どもを大切な存在として受け止め、個人差や多様性を認めて子どもたちがともに関わり、認め合うことの意義を理解することからインクルーシブの環境づくりが始まります。保育者をめざすうえでは、その意義をしっかりと理解しておくことが求められます。

インクルーシブ保育を支える環境

インクルーシブ保育の実践において、可能なかぎりすべての子どもに適した保育環境を整えることが必要となります。本節では、子どもの多様性とそれに伴う保育ニーズ、整えたい環境を確認していきます。

1）多文化の子どもと環境

保育における子どもの多様性を語る際、近年で最も顕著となってきたのが、多文化を背景にもつ子どもの増加です。我が国に在留する外国人数は法務省の在留外国人統計によると2019（令和元）年末現在293万人で、前年比で7.4％増加し、５年間では81万人増えて38％増となっています。国籍別でみると、在留外国人の84％がアジア諸国から訪れています。しかしアジア諸国といっても、中国、韓国、ベトナム、フィリピンなど、それぞれが全く異なる民族、文化、宗教、そして言語をもっています。このような状況を背景に、保育や教育現場にも両親のどちらかが外国籍であったり、外国に何らかのルーツをもっていたりする子どもは増加傾向にあり、地域にもよりますが、一つの園に異なる外国籍や文化を有する子ども（以下、多文化の子ども）が複数在籍していることもよくあります。

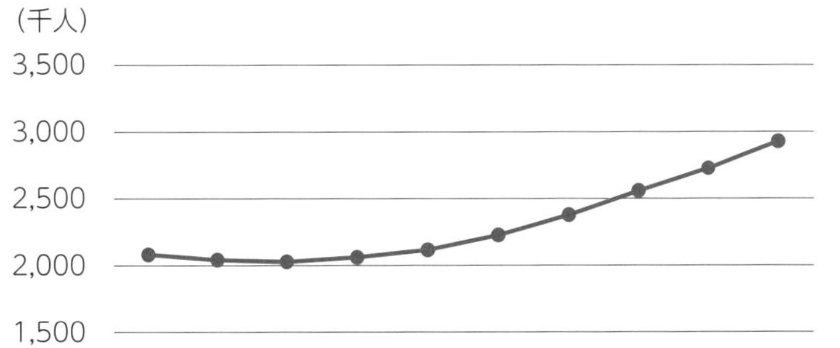

図12-1　在留外国人数の推移

出典：法務省「在留外国人統計」のデータを基に作図

保育や幼児教育の国際化、すなわち多様な文化が共存している状況は、すべての子どもたちにとって互いの国の文化や民族性を知るうえで、大変望ましい環境といえます。しかし、基本的に園は、日本の社会制度や生活様式、教育など日本文化のなかで運営されているため、単に一緒に生活をしているだけでは、互いの文化を知る機会は限られます。たとえば、領域「環境」の内容に「日常生活の中で、我が国や地域社会における様々な文化や伝統に親しむ」があります。日本の文化や伝統に親しみつつ、多文化を知り、親しみ、楽しむことができる活動を保育活動に積極的に取り入れることで、ともに育ちともに学びあうインクルーシブ保育を体現することができます。

2）障害がある子どもと環境

保育のなかで「自分の気持ちをうまく伝えられない」「集団遊びの活動にみんなと一緒に参加できない」「感情のコントロールがうまくできない」などの様子を示す子どもがいます。そのような子どものなかには「発達障害」*3の診断を得ている子もいれば、診断はないが保育者が気になっている段階の子もいます。2017（平成29）年に告示された保育所保育指針、幼稚園教育要領、幼保連携型認定こども園教育・保育要領では、障害のある子どもがほかの子どもとの生活を通してともに成長できるよう、個々の発達過程や障害の状態を把握し、指導計画のなかに位置づけること、家庭および関係機関と連携して支援にあたることなどが示されました。これらは、障害がある子の保育について示していますが、障害の有無にかかわらず、本来、すべての子どもに必要です。子どもがともに育ちあうインクルーシブ保育は、個に応じた関わりと集団の一員としての関わりの両面を大事にする保育だからです。

では、インクルーシブ保育において障害がある子どもたちにはどのような環境が必要でしょうか。最も大切なのは、子どもが安心して生活ができる環境があることです。それに必要な主な要素を以下に示します。

＊3 発達障害
平成16年に施行された「発達障害者支援法」において「自閉症、アスペルガー症候群その他の広汎性発達障害、学習障害、注意欠陥多動性障害その他これに類する脳機能の障害であってその症状が通常低年齢において発現するものとして政令で定めるものをいう」と定義されました。近年、世界的には、発達障害および知的障害についての新しい診断基準が示され、自閉症、アスペルガー症候群その他の広汎性発達障害などは、「自閉スペクトラム症」と診断されるように改訂されています。

❶ 自分の存在が認められていること

個別の違いも全部ひっくるめて大事な存在として受け止められているこ

とで、のびのびと園生活を送ることができます。

❷ 集団のなかに居場所があること

時々集団のなかにいるのがつらくなり、一人になれるところに行ったり、興味のあるところに行ってしまう子がいます。それでも集団のなかにいつでも戻ってこられる場所があることが大切です。

❸ 生活の流れがわかること

見通しがたちにくい子どもは少なくありません。事前に１日の流れがわかる環境を整えておくと、不安を感じたり混乱したりせずに集団生活を送ることができます。

❹ 自ら仲間に入りたくなる遊びがあること

みんなで遊べる活動を工夫します。遊びの輪から離れても、戻って参加したくなる心を引き寄せる遊びを取り入れます。遊びのなかにその子が得意なことや好きなことを組み込んだり、様子をみながら声かけしたりするのも効果的です。

❺ 自分で選択ができること

苦手意識や、気持ちがのらない時があります。そのような時は、集団保育だからといって「させる」のではなく、自分で判断し行動できるよう保育者は働きかけます。

3

事例

事例・演習問題

事例1 多文化に親しむ保育活動事例：「世界のいろいろな食を楽しもう」

A保育園は、毎月、給食にさまざまな国の料理を提供しています。ロシア料理にメキシコ料理、イタリア料理、韓国料理、トルコ料理、ガーナ料理もあります。開園当時から外国籍の園児が在籍してきたこともあり、保育者と栄養士が一緒に考え、給食に外国の料理を取り入れるようになりました。今では、毎月の献立表に外国の料理が並ぶのは特別なことではなくなりました。それでも子どもたちにとっては、楽しみなようで、朝登園してくると、「先生、今日の給食は○○（国名）料理だよね。ぼく食べたことあるよ。すごくおいしいんだ」と待ちきれない様子で話しかけてくる子もいます。園では、その日の給食を写真とともに掲示して保護者にも見ていただけるようにしています。子どもたちに人気のある献立は、写真12-1のようにつくり方も紹介しています。

解説

人にとって「食べること」は、生活の大事な活動の一つであり、それは世界共通です。食には、各国の地域性や文化が活きづいているため、食を通してその国を知ることにつながります。食べるという行為は、味覚や嗅覚を中心に五感すべてが参加して行われます。そのため子どもは、体感を通じて多文化を直接的に知ることができます。食文化に触れる経験から、一国が有する多様な文化的特徴へと興味関心を抱くきっかけにもなります。たとえば、給食の時間の前に、今日の給食はどこの国の料理なのか、世界地図などで一緒に探し、確認したり国旗に親しんだりするのもよいでしょう。また、外国籍の子どものなかには、文化的・宗教的理由などから食することが可能な食材に制限がある場合などがあります。そんなとき、保育者や栄養士が、たとえば「豆」や「野菜」のもつ力など、献立の特徴を伝えながら、みんなで同じメニューを食べることで、自然に食や文化の多様性の理解につながっていきます。

演習問題 1

食文化以外で、多文化の理解につながる保育活動を考えてみましょう。

ジョロフライス（ガーナ料理）

〈材料〉幼児一人分
- 米　55g
- 豚肉　40g
- にんにく（みじん切り）１かけ分
- しょうが（みじん切り）１かけ分
- 玉ねぎ（みじん切り）30g
- にんじん　10g
- 油　適量
- トマト缶　20g
- 中濃ソース　小さじ１/２
- カレー粉　小さじ１/２
- 砂糖、塩　少々

〈作り方〉
①油でにんにく、しょうが、豚肉、たまねぎ、にんじんを炒める。
②①にトマト缶、中濃ソース、カレー粉、砂糖、塩を加えて煮立たせる。
③火が通ったら具を取り出す。
④米を③のスープで炊き上げ、煮込んだ野菜とともに盛り付ける。

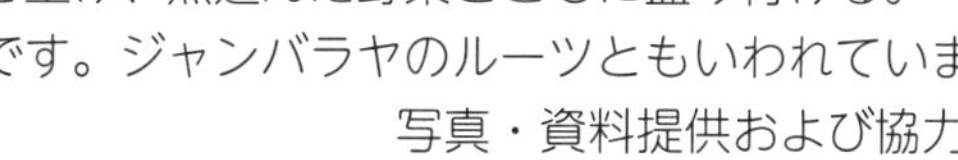

※ガーナ共和国の料理です。ジャンバラヤのルーツともいわれています。
写真・資料提供および協力：株式会社こどもの森

写真12-1　子どもたちの大好きな世界の料理

事例２ みんなで楽しめる遊びの活動事例：「パラシュートでつながろう」

自閉スペクトラム症のＹ君は、いつも一人で遊んでいて、クラスのみんなが遊んでいる輪のなかに入ろうとはしません。担任の先生は、Ｙ君がみんなと一緒に遊びたくなる活動がないかと考え、みんなで持って楽しめるパラシュート遊びを取り入れることにしました。遊戯室の中央で、パラシュートを広げ始めると、「あ、パラシュートだ！」と子どもたちが一斉に集まって一緒に広げ始めました。「みんなパラシュートを持てたかな？ゆっくりと上下に動かしてみるよ～。はい上～、下～」と声をかけながらみんなで動かし始めました。部屋の隅っこで大好きな玩具で遊んでいたＹ君が、ちら、ちらとパラシュートの方を見ています。「Ｙ君も来る～？」先生は声をかけましたが玩具に目を戻してしまいました。さんぽの歌を唄いながら、パラシュートを持ってメリーゴーランドのように回っているとき、先生が「Ｙ君も一緒にやろう」と再び声をかけるや否や走ってきて友だちの間に入り、一緒に遊ぶことができました。

解説

担任の先生は、Ｙ君が一人で好きなことに熱中して遊んでいるのはよいことと思っています。でも時々みんなが遊んでいる様子が気になっているのもわかっていました。人と関わったり手をつないだりするのが苦手なＹ君の心が動いて参加したくなる遊びを考えたとき、パラシュートなら、視覚的にわかりやすく遊具を介して友だちとつながることができるのではと考えました。遊具は、子どもたちが遊びを創造するうえで大事な環境です。パラシュートが広がった空間は、Ｙ君の主体的な行動を引き出すことにつながりました。みんな一緒になってパラシュートを動かしたり、歌に合わせて動いたりする経験は、協調性を育むうえでＹ君にとってもクラスの友だちにとっても意義のある遊びといえるでしょう。

演習問題 2

集団遊びが苦手な子どもたちが参加したくなる、遊びの環境の具体例をあげてみましょう。

事例 3　地域・保護者との連携による保育活動事例

1年前にペルーから家族で来日したEちゃん（女児4歳）の入園が決まりました。Eちゃんは脳性まひの診断があり、下肢にまひがあるため、支え立ちはできますが、移動は車いすを使用しています。言語発達には大きな問題はみられませんが、まだ日本語はほとんど使えていません。園では、Eちゃんがより円滑に安心して保育活動に参加できるようにケース会議を開き、慣らし保育の期間を含め、当面の間は市からスペイン語通訳のボランティアを派遣してもらうことや、保護者と相談し、保育所等訪問支援事業を活用し、リハビリテーションの専門家に定期的に助言に来てもらえるよう決めました。専門家からは、生活場面ごとのEちゃんの姿勢や介助の仕方、遊び方の助言を受け、保護者にも確認しながら取り組みました。

またEちゃんがクラスの状況や生活の流れがわかりやすくなるよう、言葉とともに視覚的提示や、絵カードを用いたコミュニケーションも取り入れました。保育者の様子を見ていた子どもたちは「Eちゃんカード」を使いながら身振り手振りでEちゃんに話かけ、車いすを一緒に押したりなど、関わりが当たり前になるなかで、Eちゃんの言葉の理解や発語も増えていきました。

解説

Eちゃんは、脳性まひによる発達上の支援と、言語も含めた異文化への配慮を合わせ、特別な支援が必要となります。この園では、受け入れが決まった段階から、園全体で受け入れ態勢を整え、その後もEちゃんへの適切な関わり方や発達を支援する手立てを地域の専門機関の力を活用しながら進めるなど、適切な保育環境が整えられています。これは、Eちゃんにとって素晴らしい環境ですが、それだけではありません。このような環境を整えることができる園は、どの子どもにとっても細やかに対応することができることを意味します。さらに、日々の生活でＥちゃんへの対応が円滑に行うことができれば、余裕をもってクラス運営にあたることができ、多様に異なる子ども同士の関わりを見守り、支えることができます。

演習問題３

Ｅちゃんを含め、子どもたちが日本語とスペイン語の両方に親しむことができる保育活動を考えてみましょう。

引用文献

1）小林保子・立松英子『保育者のための障害児療育――理論と実践をつなぐ 改訂第２版』学術出版会, p.60, 2017年

参考文献

◆ 法務省「在留外国人統計（旧登録外国人統計）統計表」http://www.moj.go.jp/housei/toukei/toukei_ichiran_touroku.html
◆ 小林保子・駒井美智子・河合高鋭『子どもの育ち合いを支えるインクルーシブ保育――新しい時代の障がい児保育』大学図書出版, 2017年
◆ 小林保子・立松英子『保育者のための障害児療育――理論と実践をつなぐ 改訂第２版』学術出版会, 2017年
◆ 文部科学省・特別支援教育の在り方に関する特別委員会「共生社会の形成に向けたインクルーシブ教育システム構築のための特別支援教育の推進（報告）」2012年

コラム

「合理的配慮とは」

合理的配慮とは、障害者の権利に関する条約の第 2 条において、「障害者が他の者と平等にすべての人権及び基本的自由を享有し、又は行使することを確保するための必要かつ適当な変更及び調整であって、特定の場合において必要とされるものであり、かつ、均衡を失した又は過度の負担を課さないものをいう」と定義されています。これを踏まえ、保育における合理的配慮とは、障害のある子どもに対し、障害がない子どもと同様に保育が保障され、平等に活動に参加できるよう必要に応じた可能なかぎり人的環境や物的環境を整えることをいいます。近年では、痰の吸引や経管栄養などの医療的ケアを要する子どもの受け入れに向けた整備が自治体ごとに進められています。

第13章 地域環境との関わり

本章の構成

子どもたちの社会性の育ちを育むためには何が必要なのでしょうか？子どもたちは保育所とその小さい集団のなかで生活しています。保育所とクラス、またクラスのなかにも小さいグループ分けがあり、そのなかで生活することだけで社会性の育みにつながっていくのでしょうか？保育所の周りには企業（お店）・地域団体・交通機関・教育施設・福祉施設などさまざまな施設や団体、そこに関わる人がいます。そのなかで育っていくことが子どもたちの社会性の育ちに大きく関係していきます。

1 地域環境とは

子どもたちにとって住んでいる町市にあるすべてのものが地域環境となります。自然の資源、企業、文化、住む人々すべてが地域環境となります。その環境と子どもたちがつながることが、子どもたちと地域のすべての環境にとってメリットとなります。

1）子どもの育ち――発達と地域環境

子どもたちの育ちと地域環境はどのように結びついていくのでしょうか？保育所での生活は0歳から入園して卒園まで在園したとしても6年間です。しかし、子どもたちはその後どこで生活し、どこで成長していくのでしょうか？子どもたちは保育所を卒園後もその地域に根差し、その地域で生活していきます。小学校・中学校・高校とその地域で子どもたちは進学していきます。まずはその事実を頭に入れ、子どもたちと地域とのつながりを考えていきましょう。子どもたちの将来をイメージすると、子どもたちはその地域でこれからも生活していきます。その地域に愛される子になるためにも、また、子どもたちが自分の住んでいる地域を愛するためにも、地域とつながる必要があります。それは子ども自身や家族で行うよりも、保育所などの公の機関を通し、地域とつながるほうがより、子どもたちも地域とつながる機会の多様化につながっていきます。

子どもたちの育ちにとって地域環境はとても重要です。先述しましたが、保育所保育指針の保育全般に関わる配慮事項にも社会性が明記されており、保育目標には道徳性も明記されています。集団生活のなかでも社会性の育ちがありますが、そこは社会に出てこそ育つ部分であると言えます。社会に出てこそ、そのルールを知り、多様な人間性に触れ、さまざまな機関とふれあうことができます。また、社会での経験や知識は、社会道徳[*1]として子どもたちの道徳性の根幹となります。道徳性の育ちも社会との関わりなしに育つことは困難といえるでしょう。

＊1 社会道徳
人間が社会生活を行う上で守るべき道徳

子どもたちは地域とつながることにより、今までの保育所や家庭という小さなコミュニティから飛び出し、社会へとつながっていきます。ここがとても重要です。保育所や家庭というコミュニティでは他人への不快な思いをさせることや、ルールを守らず迷惑をかけることは起こりません。社会のなかでほんの一瞬しか出会わない人たちに不快な思いをさせないことが、社会人として重要になります。現代は核家族化が進み、保護者と子どもたちだけで生活している家庭が多くなり、価値観の違いや、生活スタイルの違いを知る機会も少なくなってきました。そのようななかで、社会に飛び出すことで、今までの自分の生活や価値観とは違う人たちとの出会いも多くなります。

社会性の育ちは友だちや保育者との関わりで大きく育つ部分もあります。しかし、本来の社会性というものはどのことを指すのでしょうか？　本来であれば社会そのものとつながり、そのなかで感じ、体験し、考えることが重要なのではないでしょうか？

交通ルールなども、子どもたちがリアルに感じることが重要です。ごっこ遊びではなく、実際に通る車や人の流れ、自転車、その雰囲気や空気感にふれていくことが、子どもたちにとっての学びとなっていきます。実際、横断歩道などはどうでしょうか？　青信号になったら渡りましょうと教えられ、そのまま青信号で渡ってしまったら、左折する車や右折する車が来るかもしれません。交差点の真ん中まで侵入してきた車がそのまま進んで来るかもしれません。本当にリアルな現場だからこそ、交通ルールの臨機応変さも身に付きます。

公共の場でのマナーなどはどうでしょうか？　電車やバスに乗るときは優先席などがあります。その席が空いていた場合、座っていいのでしょうか？　また、その優先席は高齢者や妊婦、けがをしている人などが利用しますが、社会に出ることによってその人たちと出会うことができます。保育所や家庭などの小さなコミュニティであれば、出会える人数も限られていくかもしれません。それが社会に出ることで多様な人々と出会うことができます。家庭や保育所では基本的に子どもたちは守られ、多岐にわたる社会性は社会というフィールドで学んでいきます。

2）地域環境とつながる方法

ここでは、筆者の園がどのように地域環境とつながることができたかを、図で紹介しながら説明します。

❶

後述の事例にも出てきますが、地元の企業から直接連絡が来て、つながりができるケースです。このケースは稀ですが、企業から依頼がある場合は、こちらから行動するのではなく、タイミングなどが非常に重要です。本来、保育所の門戸は地域のために大きく開かれていなくてはならないので、このようなケースが増えていくことが、保育所にとっても地域の企業にとってもよいことだと思います。

❷

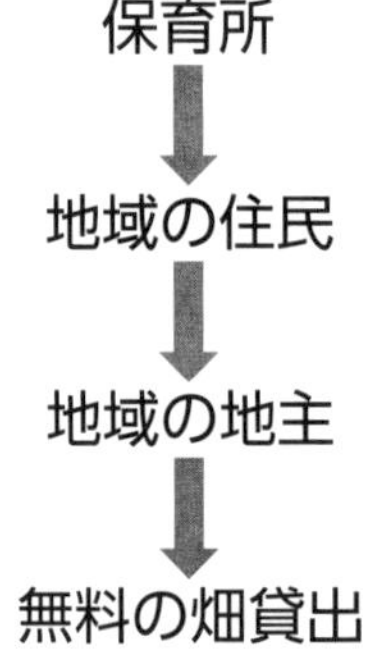

このケースは、保育所から常に地域の住民とつながっていくことが必要です。まずは地域の住民とつながることで、その住民から情報をいただき、自分たちがやりたい地域とのつながりの保育を展開していく方法です。保育所では畑を使った活動を計画していましたが、自分たちの園では畑の土地がありませんでした。ですから、畑を無料で貸していただける方を紹介していただき、畑を貸してもらうことができたケースです。地域住民の情報などは大変参考になる場合が多いです。

❸

保育所
↓
地元のスポーツクラブ

このケースは、後述に出てくる大学の部活動とのつながりです。保育所の園長が自ら大学に訪問し、直談判交渉してつながりができました。自ら動くことが大切であり、今まで保育所とつながっていない団体ともつながることができます。また、園長自ら依頼することで、決定まで時間もかからずに話が進んでいきます。これが実行できた秘訣でもあります。

❹

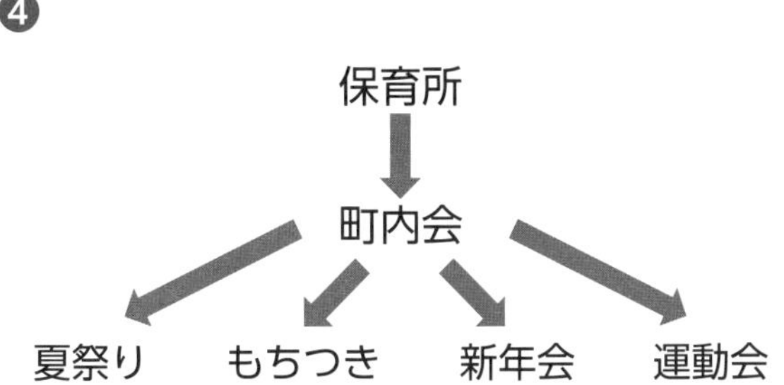

保育所のある町内会とつながることで、町内会に依頼し、さまざまな地域住民とつながることができます。町内会の費用を支払う必要はありますが、町内会のイベントにも呼んでもらえるようにもなり、保育所のイベントにも町内会の人が来るようになります。町内会には歴代の町内会を支えてきた豊富な人脈があるので、さまざまな相談に乗っていただける場合もあります。

❺

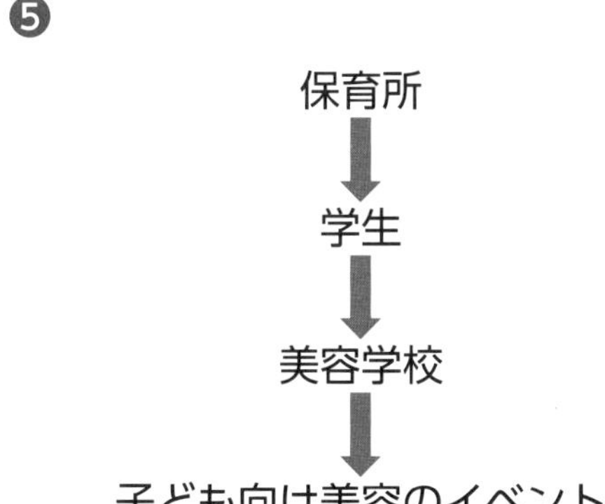

これは今後実施する予定です。美容学校の学生とつながることで、園児向けの美容のイベントを考えています。最初に学生とつながることで、そ

の学生にお願いし、学生を数人園に連れてきてもらい、髪の毛のアレンジなどをする美容のイベントを実施したいと考えています。この美容学生は保育者の教え子であり、そのつながりを大切にしたというケースです。保育者の人脈を大いに活用することで、地域とのつながりに大きく関わっていきます。

3）公開保育

公開保育とは、子どもたちの姿、保育者の保育の様子を外部へ公開することです。保育所を公開するだけでなく、子どもたちが園外へ出て活動することも公開保育となります。

保育所は現在、子どもたちを安全に保育するという観点から、いつでも誰でも保育所に入れる状況ではありません。子どもたちのプライバシーを守ることや、危険人物などが入って来ないようにするために、基本的にはクローズにされています。しかし、外部からの入室をすべてクローズしていくことは本当にいいことでしょうか。また、保育者の仕事内容の開示や保育内容の周知のためにも、安全面に配慮しつつ開示していくことが重要です。保育所は公的機関であり、地域に開かれた保育所を目指していくべきです。

何をやっているのかわからない保育所では、新しく入園する子どもや保護者も不安になるでしょう。地域住民にも開かれた保育所であれば、子どもたちと交流し、園に愛着がわきます。そうなることで、地域の保育所となっていきます。

保育が公開されることは、子どもたちにとっても大きなメリットになります。子どもたちは多くの人と接することで、人間としての幅を身に着けていきます。保育が公開されず、地域との関わりがなかったら、子どもたちはどうなるでしょうか。接する大人は自分の親か保育者だけになります。親は子どもを守る存在でもあり、保育者も子どもを守る存在です。

しかし、いつも一緒にいる大人とはまた違った角度から大人とふれあう機会も、子どもたちにとっては重要です。お父さんよりも、近所のお兄さんに憧れる子どももいます。それは、その人と出会ったから憧れが生まれるのです。そのような体験は、幼少期にも非常に重要です。

地域環境と一緒に保育をするということは、そのまま保育を公開することにつながります。筆者の園では、敬老の日に地域のデイサービスセンターのおじいちゃんおばあちゃんに遊びに来てもらいました。保育所の環境を見てもらったり、保育者と関わり、子どもたちとふれあいます。保育所のなかに入っていただくことは、そのまま公開保育につながります。保育所の環境、子どもたちの様子、保育者の様子が公開保育となり、地域の団体への保育所の紹介にもなります。保育所を見てもらうことで親近感や愛着がわき、地域住民の信頼・愛着関係にもつながっていきます。

保育所が外へ出ていくことも公開保育といえます。外に出て地域の施設や人々と関わる場合には、その場所で子どもたちが活動することになります。そうなると、その場所で保育が展開され、子どもたちの様子や保育者の様子などを見てもらうことになります。地域の住民に保育を見てもらうことで、子どもたちの姿を理解してもらい、保育の様子を見てもらうことが、保育の公開にもなります。

子どもたちは園から飛び出し、遊びに行った施設のことは強く思い出に残り、地域への愛着に変化していくことでしょう。保育所は地域に開かれた施設になるので、子どもたちや保育内容を地域に公開することは、そのまま社会とのつながりとなっていきます。

地域とつながるために

保育所は、地域にとって必要不可欠な福祉教育機関です。保育所は地域のための施設であり、地域を支える根幹でもあります。その保育所と地域がつながるために必要なことを考えていきましょう。

1）地域を知ること

保育所と地域がつながるためには、働いている職員が地域を知ることが最初の一歩です。まず、職員が地域を愛そうとすることが大切だと思います。地域を愛するということは、そこで生活するということです。生活するとは、住まなくてはいけないということではありません。買い物をしてみたり、散歩してみたり、その自分の生活の一部が地域で過ごす時間になることが生活となり、愛することになります。「ここのパンがおいしいよ」「ここの景色が好きなんだ」そんなことが、地域とつながるうえで大切なのではないでしょうか。好きな地域になれば、その地域のことをよく知ろうとします。知ることで、そこで生活する人とのつながりができます。それが子どもたちと地域をつなげるカギとなります。

地域とつながるには、①子どもたちや保育者の発案から地域とつながる、②地域の施設や人から保育所とつながるという2つの方法があります。①は子どもたちや保育者からの発案や提案で、地域にその活動ができないか探すパターンです。たとえば、子どもから「トマトを育てて食べてみたいな」と発言があれば、そこから畑が使える場所を探します。

②は、こんな企業があるか、この企業と一緒に保育所で何かできないかなと考えます。どちらも地域とつながることができますが、重要なのは散歩をしながらでも、買い物をしながらでも、通勤をしながらでも、常に「保育につながる環境や団体、人物はいないか」と頭のなかで考えながら行動することです。常につながることを意識し、行動するようにしましょう。

新しく地域住民とつながろうとするにはどうしたらよいのでしょうか。つながろうとしても困難な場面に直面するかもしれません。昔から地域に根ざしている人であれば、地域の団体や会社とつながりがあるかもしれませんが、そうでない場合はつながりをつくっていかなければなりません。地域には商店街や地域の町内会などがあると思います。その地域の特色を活かしたお店や地域の団体などはインターネット等に連絡先が載っている場合があります。その連絡先に連絡することで、つながることができます。

地域の団体や商店街などは、保育所と交流をもちたいと考えているケースが多いです。子どもは地域にとっては宝です。町を活気づけるパワーをもっています。将来地元を支えていくのも地域の子どもたちです。地元の商店街、企業などには、地域の子どもたちに地元の仕事などを伝えたい人も多くいます。しかし現在は、教育・保育施設への外部からの関わりが厳しくなり、安全面での問題から開かれた保育所、開かれた学校とは逆の方向になっています。そのような状況で保育所との交流の仕方がわからない企業・団体も多いので、保育所からアプローチすることで了承してくれる場合が多いです。また、担任業務の保育者や保育リーダー、主任が交渉するよりも、園長が動くことで、打ち合わせなども早く済むことも多いです。保育所の責任者からの依頼ということで、交渉が真剣かつスムーズに進みます。

2）地域での子どもの育ちをイメージする

子どもたちが生まれ育った街を愛するようになることが、健全な地域・街へのスタートになります。子どもが地域を愛するようになるとどうなるでしょうか。地域にゴミを捨てる人はいなくなるでしょう。自分の街を誇りに思うようになるでしょう。地域の活動に積極的に参加するようになり、将来、地域を支える人材となっていきます。そのためにも、地域ならではの物と子どもの頃からふれあっていくことが大切です。

それは、地域の名産物、食べ物かもしれません。工芸品かもしれません。地域に流れる川かもしれません。泳いでいる海、登っている山かもしれません。走り回っている野原の場合もあります。日常的な風景は、地域の宝です。その宝を保育に活かすことをおすすめします。いつもは園の中にいても、園外保育などで自然のある場所に出かけることも大切です。

地域密着の食べ物や伝統の食べ物などに触れることも、子どもたちが地域を愛するきっかけになるかもしれません。引っ越してきた子どもや保護者にとって、その地の名産物はびっくりする味かもしれませんし、逆に地元の子どもたちにとってはなじみの味になるかもしれません。

公園、乗り物、企業、スポーツ、伝統文化など、住んでいる地域ならではの物を幼少期に体験することが、地域への愛着や感謝につながり、成人になったとき、幼少期の貴重な体験を自分の子どもにもさせてあげたい、自分がお世話になった地域に戻りたい、地域に恩返しがしたいという想いにつながります。その基礎を育むためにも、保育所と地域環境が深くつながることが重要です。

地域の商店街や過疎化が進んでいる地域は、子どもたちが大きくなり、地域に住み続けることを望んでいます。子どもの流失は地域の宝の喪失であり、地域を支える貴重な人材の流失につながります。新型コロナウイルスが蔓延し、テレワークの需要が高まりました。今後は地方で住み続ける若者が増えるかもしれません。そのためにも、幼少期に種を蒔いておく必要があります。

まずは地域にはどのような特色があるのか、保育所・園長・保育者が知ることが必要です。どんな場所で、どんな人が住んでいて、どんなことが地域に根づいているのか。どんな団体があるのか、どんな組織があるのかを知り、アプローチします。保育所に勤める職員全員がアンテナを張り、地域のことを知り学んでいくことで、地域との関わりの糸口が見えてきます。待っていても、団体・組織・企業からの連絡は来ません。積極的に連絡をとることで、子どもたちの新しい社会との経験が開かれていきます。

3 事例
事例・演習問題

保育所と企業がつながる事例を具体的に説明します。事例をみながら、イメージを具体的にし、園とつながるまでのプロセスや、継続してつながる方法なども考えてみましょう。

事例 1　製紙企業とのつながり

製紙企業から「紙の資源があるので保育所で使用しませんか？」との連絡を受けて、紙をもらうことがスタートしました。古来より人間は、描くという活動を行ってきました。絵を描くということは、人間にとって重要な表現活動であり、子どもたちにとっても同じです。紙を使いさまざまな造形活動に活かすことができます。子どもたちの表現活動を制限することは、健全な育ちにとって妨げになります。思いきり歌い、描き、走る。保育所という子どもの生活と学びの場でどれだけ保障することができるかが重要です。描く、つくるという表現活動において、紙は必須の素材になります。その素材を常に提供いただけることはとても助かります。
今では、製紙企業に連絡をするとすぐに紙を持ってきてもらえる状況になっています。

つながるまでのプロセスと継続

紙をもらってくれる施設を探していると連絡を受けて、つながりが始まりました。紙を使った保育活動の写真とお礼を添えて、企業に渡しました。園長が企業に直接出向き、現場の方と話し、工業長へのお礼を伝えました。企業からいただいた紙が実際に子どもたちにどのように使われているか、どれだけ助かっているかを具体的に伝えていくことが、継続してつながることの重要なポイントです。

つながることのメリット

① 紙が多くあるので、子どもへ表現への制限をすることがなく、好きなだけ描くことができる。

② 子どもたちにさまざまな素材の紙を提供することで、表現の方法が多様化し、幅が広がる。

③ 地元の企業から紙をいただけるということを子どもたちが理解し、企業への感謝の気持ちをもつ。

④ 地元の企業の存在を知る。

事例2 スポーツ団体との事例 大学漕艇部とのボート体験

保育所はボート場・練習場などが近い場所にあります。近くに荒川が流れていることから、子どもたちがボートを体験できる場所や団体を探していました。ボートの団体や部活があれば、子どもたちに経験をさせられるのではないかと思い、近くにある漕艇部を見学に行きました。そのなかの一つの大学の漕艇部に電話し、子どもたちにボートの体験をさせてもらいたいとお願いし、快諾してもらいました。

当日の様子

鬼ごっこやかくれんぼなど、保育所がお願いしなくても自然と学生と交流することができました。子どもたちは普段の生活では見ることのできない船の倉庫を見せてもらい、興奮していました。不安定な水上で、最初はおっかなびっくりだった子どもたち。でも頼りになる学生の先導で乗り終わったら「ボート早かったよー！」「ふわふわしてた！」と大喜びで降りてきました。学生も子どもたちへの関わりを通し、地域への教育貢献ができたと話していました。

継続してつながるために

大学や企業の部活動とつながるために、どんな部があるのか、探して回りました。どのようにアポイントメントを取ればいいのか悩んでいましたが、門扉がオープンに開いている大学に訪問し、部のマネージャーに保育所の意図と活動を説明し、監督に会わせてもらいました。そこで、子どもたちに地域密着のスポーツを体験させてあげたいこと、将来的にそのスポーツに関わるきっかけになればということを説明し、快諾してもらいました。

一緒に活動することが決定してから、メールで部の大会のスケジュールを教えてもらい、部の旗をつくって大会の応援もしました。また、一緒に撮影した写真をプレゼントし、継続的に活動することの感謝を伝えています。

つながることのメリット

① 子どもたちが地域ならではのスポーツを体験することができる。
② 地域の自然とふれあうことができる。
③ 学生との関わりで憧れが生まれ、将来像の一つになる。
④ 学生が子どもたちを理解することにつながる。
⑤ 子どもたちが学生を理解することにつながる。
⑥ 保護者の貴重な体験となる。

演習問題 1

海のある地域にある保育所で、海との交流を保育で取り入れていきたいと考えています。どのようにつながりをみつけて、どのように交渉しますか。

演習問題 2

初めて老人福祉施設と交流することになりました。車いすの人や、耳の聞こえが悪い人がいます。事前に注意すべきことは何か考えてみましょう。

コラム

子どもたちの力

地域住民とつながるのは難しいことではありません。筆者は地域の食事できる場へ出かけることも好きで、人の話を聞いたりすることも好きなので、その延長で地域住民と出会うことがあります。そして出会った方々への感謝を忘れないようにしています。何かお礼を持っていくこともあり、感謝の気持ちと言葉は忘れないようにしています。

子どもたちが一度街に繰り出せば、街の人はみんな笑顔で挨拶をしてくれます。その表情を見て感じるのは、子どもは周りを元気にするエネルギーをもっているということです。子ども自身がもっている明るい雰囲気・かわいらしさ・無邪気さ・突拍子もないことをやる姿などは、保育所や家庭にいると当たり前になりがちですが、街の人たちからするとかけがえのない、愛おしい存在です。その存在を安全に見守り育てていくことは、とても貴重な時間です。

保育者は、プライベートで落ち込んだり、悲しいことが起こるなかで勤務することもあります。しかし、保育所では、子どもたちはいつも元気に、時に大騒ぎしながら生活しており、その姿に癒されたり、励まされたりします。そのような効果を地域の人々も感じているのでしょう。

第14章 保育者の環境

保育者が保育の質を上げ、保育を活性化するためには何が必要なのでしょうか。本章では、左記の流れで保育者にとってよい環境とは何かを考えます。

本章の構成

1 質の高い保育者がよい保育環境を得る

保育者がよい保育環境を得るためには何が必要なのでしょうか。よい環境を獲得してその環境を持続させるには、保育者自身の高い保育の質と深い保育の専門性を獲得していることです。本章では、保育者がよい保育環境を獲得するための基本となる保育の専門性について説明します。

❶ 保育者の専門性とは何か

保育所保育指針には、保育士（者）の専門性について、保育に関する専門知識と技術、専門職としての倫理[*1]が必要であることが述べられています。さらに、「保育士は常に研修などを通して、自ら、人間性と専門性の向上に努める必要がある」とも指摘されています。つまり、保育者には、プロとしての専門性と豊かな人間性という、大きく分けると２つの資質が求められているのです。

しかしながら、保育者としての専門性や人間性というものが、具体的にはどのようなことなのかと聞かれると、漠然としていて、具体的に答えることは難しいように思われます。ここでは、この２つの資質のうち、保育者に求められる専門性とは何か、言い換えれば「『プロ』としての保育者には、どのようなことが求められるのか」について、できるだけ具体的に考えてみることにします。

まず、子どもが砂場で遊んでいる場面を想像してみましょう。あなたが保育者であったら、どのような対応をするのでしょうか。

①「ねえ、ねぇ何をつくっているの？」などと言葉をかけ遊びに入れてもらう。

② 直接遊びに加わらずに、保育者自身が子ども達の隣で自ら遊んでいる姿をモデル（模倣の対象）として示す。

③「これ使ってもいいよ」と言って、遊びのイメージが膨らみそうなもの（砂場で使用するスコップやバケツ・コップなど）を子どもたちに遊び道具として提案する。

④ 砂場の近くに、ゴザ、いすや机などを用意し、遊びが発展・応用で

＊1 **専門職としての倫理**

保育所における保育士は、児童福祉法第18条の４の規定を踏まえ、保育所の役割および機能が適切に発揮されるように、倫理観に裏づけられた専門的知識、技術および判断をもって、子どもを保育するとともに、子どもの保護者に対する保育に関する指導を行うものです。

きるような物的環境を設定する。

このほかにも、さまざまな関わり方が考えられると思います。また、これらを組み合わせて考えることもできるはずです。しかしここでは、さまざまな関わり方を考えることが重要ではなく、保育者がどのような応答的対応を選択するのかが大切です。保育者は、その子どもの個性や発達段階[*2]、友だちとの関わりや遊びの様子などさまざまな要因を踏まえたうえで、子どもとの関わり方のなかから、対応を選択し実践していくことが求められるのです。それには、保育者は子どもへの適切な判断と実践していく力（保育力）が必要です。これが、保育者の専門性なのです。

また、保育者は、その子どもの今の姿を捉えたうえで、「このように育ってほしい」「こうなってほしい」という願いをもって保育を実践しているはずです。保育者が子どもとの関わり方を判断していく際に、子どもへの育ちの願いが大きく反映していることはいうまでもありません。逆に保育者が、子ども一人ひとりに対して、育ちへの願いをもっていなければ、適切な判断には至らないということになってしまいます。子どもへの育ちの願いをもちつづけ、それを保育実践に反映していくことが、保育者の「専門性」であるともいえます。子どもを健全育成するためには、模倣される保育者（大人）が十分に見られていることを注意・意識・配慮することが必要です。

＊2 発達段階
子どもの発達には段階があり、身体・言葉はその成長発達に即していきます。
例）首がすわる→寝返りをうつ→ハイハイをするなど。

1）保育の質と保育行為の三機能（図14-1）

「保育の質が高い」ということは、保育行為つまり保育者の姿勢や保育のあり方が、子どもに対して「よいモデル[*3]になること」の意味から発信されています。つまり、保育者自身が子どもの人的環境であり模倣されている存在や示唆される存在であるということです。

保育者は常に子どもをとりまく環境のなかでの「よき存在」「よいモデル」であり、質の高い保育を行うことが要求されます。一人の子どもがどの保育者と出会ったか、そこでどんな保育活動・保育行為をしてもらったのか、こうした人的環境が子どもの成長にどれだけ大きな変化を生むかについては、比較的容易に理解できます。その際に、保育者にはよい保育・質の高い保育を行うことが要求されます。そこで「よい保育とは何か」

＊3 よいモデル
模範・手本。子どもは未成熟・未発達であり未来社会の構成員でもある。大人の保護なくしては生きてはいけない弱者です。そのことから身近な大人を模範、手本にしながら日々あらゆること（言動）を、身につけながら育っていきます。

「質の高い保育とは何か」「何をもってよい保育の質と考えるのか」を理解しなければなりません。保育者は、保育行為・保育内容・保育活動を高めることはできません。ここでは、よい保育行為の三機能について確認していきます。

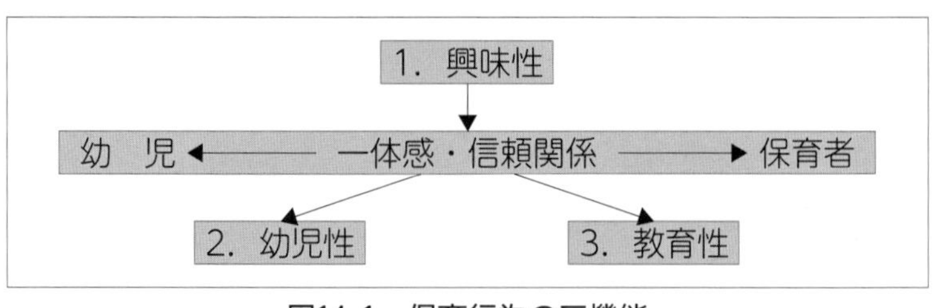

図14-1　保育行為の三機能

❶ 保育行為の三機能

専門的な保育つまり「よい保育の質は何か」「質の高い保育とは何か」について考える際に、図14-1の「保育行為の三機能」（1．興味性、2．幼児性、3．教育性）が重要な示唆を与えてくれます。保育行為というのは、保育者が保育所・幼稚園・幼保連携型認定こども園で行っている言動と行為を表しています。保育行為の内容をさらに具体化してみると、保育者間の関係、保育者の保育姿勢、保育のあり方、子どもの姿勢、親との関係、保育環境と条件の６つに整理することができます。

❷ 子どもと保育者の信頼関係

図14-1の「保育行為の三機能」が意味するものは、保育の働きについての機能です。子どもと保育者が信頼関係でつながっているということは、よい保育行為の中身として保育者と子どもの間での信頼関係の確立が成立しているということです。保育者と子どもとの信頼関係がない状態では、保育者の保育活動はよい保育行為とはいえません。

事例（５歳児の保育活動）をあげてみましょう。

「みなさんこれから紙コップを使っておもちゃをつくります。お席はグループでします」

保育者の子どもたちへの指示が「グループでお席に着かないと、外に出しますよ」「おやつもあげませんよ」「材料の紙コップを渡しませんよ、聞いていますか」。これでは、子どもたちの反応はいかがでしょうか。

「先生に叱られるからグループにならなければならない」「外に出されるから早く席に着かなければならない」「おやつを貰えないから席に着かなければならない」等です。

子どもが保育者の顔色や発言、態度で言動を変えるのでは困ります。子どもの能動性を奪い受動性に変える保育者の発言は、子どもの成長や発達を止め、後退させるものです。この事例の場合、保育者はよい保育行為として、紙コップでおもちゃを作成する活動に興味をもたせ、紙コップを用いて紙コップおもちゃに興味・関心をもたせ、子どもたちが自分から主体的に「おもちゃをつくりたい！」「おもちゃで遊びたい！」というように、保育者は子どもが興味・関心をもつ保育行為が大切です。

❸ 保育の「質」と幼児文化教材の三機能（図14-2）

子どもの定義は「1）未成熟、2）未発達、3）未来社会の構成員、4）大人の保護なくしては生存できない」という4つです。子どもはたくさんの経験や体験のなかで成長し発達していきます。保育者は、幼児文化教材[*4]の三機能「1．興味性」（図14-2）を理解しておくことが重要です。

＊4 幼児文化教材
保育者が子どもの育ち成長に合わせ目的をもって行う活動。
例）絵本、紙芝居、ペープサート、言葉遊び等

子どもの生活のすべては遊びです。まず、興味・関心「やりたい」「やってみたい」「何かな？」「おもしろそうだな？」という好奇心や探求心や疑問心が成長のきっかけとなるのです。保育者は子どもの心を動かすような保育行為・保育活動を導入していくことが必要です。日常の保育に興味関心をもてる幼児文化教材を意識して準備しましょう。

「2．幼児性」も大切です。子どもの発達段階や対象年齢の特有性を十分に理解して保育内容を設定させることが重要です。子どもの心身の発達は日々変化していくものであり、その発達年齢や時期（季節・保育行事）等に合わせ、活動の分量と質を子ども一人ひとりに寄り添って計画・展開していくことが望ましいです。幼児文化教材そのものが、保育内容につながります。

たとえば、3歳児対象の絵本と5歳児対象の絵本は違いますね。「子どもの年齢に合っているのか」「時期や設定は適切なのか」。この保育行為が子どもに必要なのかをしっかりと判断して、子どもの心身に寄り添い、展開することが大切です。子どもの心に寄り添うことは受容（受け止めること）と傾聴（耳を傾けること、寄り添い静かに聞いてあげること）です。

対象年齢の理解は保育活動の要です。保育者は子どもの心身の成長・発達を理解しましょう。

「3．教育性」も忘れてはならない機能です。保育者は「養護と教育の一体化」を常に意識し、教育（ねらい・目標）を実施・展開してこそ「真の保育者」となります。

幼児教育を展開していく保育行為には目標やねらいが必要です。保育者は子どもの発達年齢や成長に対して年間目標・期案・月案・日案と指導計画を立てます。保育者はねらいを達成するために一人ひとりの子どもに対応していきます。ねらいの達成度を強く意識するのではなく、子どもの活動過程を重視していきましょう。

子どもに適切な幼児文化教材を与えることが、子どもの成長を育みます。ですから、幼児文化教材の三機能を理解することは保育者の大きな示唆となります。

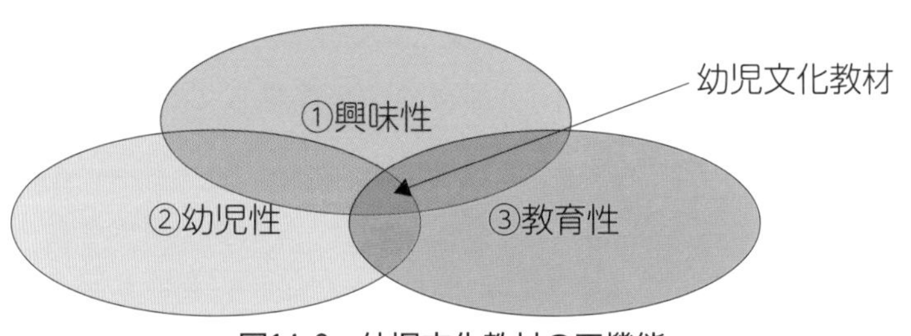

図14-2　幼児文化教材の三機能

2）保育行為で必要なバランスのとれた管理と支援

❶ 管理から支援、援助へ（支援、援助の重要性）

「支援」や「援助」の概念が現代社会の多くの場面で注目されている。これは、「管理」中心主義への反省から生じた過去からの傾向ではないかと思われます。管理（control）という意味での管理の強化は、主体的に行動しようとする人間の能動性を低下させやすいのに対して、支援、援助（support）の強化は能動性を向上させる機能をもつのです。具体的には、管理（control）から支援、援助（support）へとその軸足を移しながら、両者（保育者と子ども）のバランスをとることが重要ということです。

今までは、保育者が保育活動や保育行為を管理（control）強化しがちでしたが、こうした姿勢を支援、援助（support）重視の姿勢へとシフトすることの必要性があります。管理にはmanagement、control、keepなど、広い意味があります。保育者や保護者は、子どもの保育を知らず知らずのうちに管理（control）し、指示・命令・禁止・説明を子どもにしがちであるため、ここに支援、援助（受容と傾聴）とのバランスが必要となるわけです。

一方、支援・援助とは他者への働きかけ（support）が前提になっているため、支援者・援助者（保育者）と被支援者（子ども）が成り立ちます。保育者は子どもの意図を理解すること、保育行為の質の維持・改善および保育行為を実行する力、エンパワメント（empowerment）がポイントです。保育行為での支援、援助のタイミングは、子ども自身の発達の可能性を引き出すタイミングにつながることになります。保育者は子どもとの関わり時の判断が重要視されます。

保育活動の管理と支援、援助については、生命の保持と情緒の安定を前提に、基本的生活習慣（食事・睡眠・排泄・着衣着脱・清潔）の確立を子ども自身が目的とすることであり、そのために保育者は管理（control）と支援、援助（support）をバランスよく日々の保育活動、保育行為にあたることが求められます。

❷ 保育におけるトライアングル・フレームワークの提案（図14-3）

現在、多くの保育所、幼稚園、幼保連携型認定こども園では、子どもと保育者自身の「活性化」をめざして、保育方法・指導方法の改善が試みられています。しかしながら、「何をしたら活性化になるのか」自体、統一した見解を得ることが非常にむずかしくなっていて、保育者が多様性にもあたり困惑している事実があります。あちらこちらの保育所、幼稚園、幼保連携型認定こども園が、それぞれの保育者独自の考え方に基づいて試行錯誤を繰り返しているのが現状です。そこで、まず子どもの保育において保育者と保護者との間に十分なコミュニケーションをとることを提案します。子どもの生活については、家庭と保育所がまったく異なった環境では困ってしまいます。保育所、幼稚園、幼保連携型認定こども園と家庭、保育者と保護者が確実な情報のやりとりが重要な役割を果たすことになるのです（報告・連絡・相談*5）。ここでは、保育者と保護者の「相互支援」の重要性を示唆していくために、子どもたちに対する保育を相互支援の側面から捉えた「保育におけるサポートトライアングル・フレームワーク」を提示します。

＊5 ほうれんそう
「報告・連絡・相談」。保育者は子どもの様子を保護者に報告・連絡・相談すること。また、保護者は家庭の子どもの様子を保育者に報告・連絡・相談すること。保育者と保護者の信頼関係が生まれることにより、子どもの取り巻く人的環境は最もよい環境になっていきます。

このフレームワークは、「保護者の保育者に対する支援が保育者の子どもに対する支援を支援し、保育者の保護者に対する支援が保護者の子どもに対する支援を支援する」ことを表現するものです。これにより、従来は管理（control）を強化しがちであった保育を、下記の①～③のように、サポート重視の姿勢へとシフトする必要性が理解されます。

① 三者（子ども・保護者・保育者）の間の関係は、管理中心のものではなく、支援と援助を中心とするものです。

② 保育者と両親との間で密なコミュニケーションを図り、「相互支援」*6の関係を形成する必要があります。

＊6 相互支援
複数の人間（多くの場合は2人の人間）間で、相手を支援しあうこと。これにより、相乗効果が期待されます。

③ 保護者の保育者に対する支援が保育者の子どもに対する支援を支援し、保育者の保護者に対する支援が保護者の子どもに対する支援を支援することにつながる。

管理（control）中心になりがちな保育活動・保育行為のなかで、「保育者と保護者の相互支援」「サポートトライアングル・フレームワーク」は、支援や援助と管理の共存一体化の必要性を示唆する役割を果たすものです。この共存一体化こそが、保育内容の質の向上と保育の活性化の源泉です。

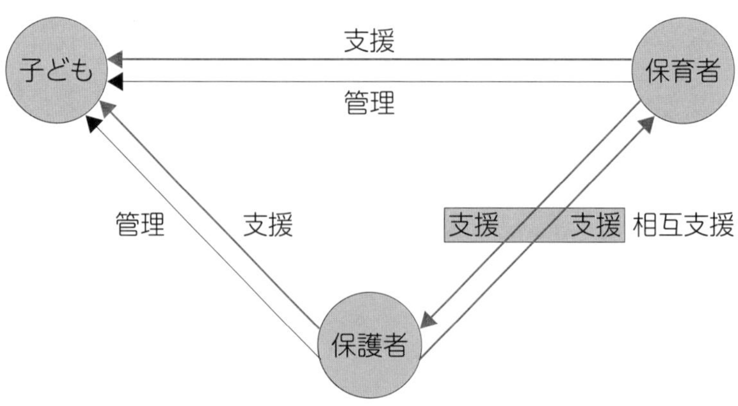

図14-3　保育におけるサポートトライアングル・フレームワーク

❸ 子どもの模倣と成長

女性就労者が増加するなか、保育人口が急増する状況にあります。子どもが最初に出会う先生は保育者であり、子どもは保育者を選ぶことができません。保育者は子どもに家庭と変わらない情緒の安定を持続させるために保育教材を用いて保育活動や保育内容を選択していき、保育活動で用いる保育教材は「幼児文化教材の三機能」（図14-2）により、子どもを情緒の安定へと導き、そのなかで保育者との信頼関係を発展させていきます。

また、子どもは遊びを通して、保育者の行動を「模倣」して自身を成長の方向へと導くことになります。すなわち、保育者の行動が身近なお手本となり、模倣していくことで、社会で生きていくために必要な行動様式を学んでいくのです。言い換えれば、保育者の行動は、子どもに模倣されることにより、保育における子どもの姿そのものを映し出しています。

このように、保育者の全人格が「模倣」の対象となって子どもの発達・成長に大きく影響を及ぼすことを踏まえると、保育者は幼児にとってプラスの人的環境でなければならず、人格形成の最も大切な基礎を創る時期が幼児期であることを意識しなければいけないことがわかります。子どもの１日の生活はほとんどが遊びであり、子どもは遊びによって発達・成長するため、当然のことながら、その人的環境や物的環境は豊かな環境であることが望ましいです。

子どもにとっての遊びは情緒の安定をもたらし、すこやかな成長を守る大切な領域であるため、保育者は適切な保育活動、保育内容、子どもに対する援助・支援・管理など、十分な配慮により子どもが主体的・自発的に関わるよう支援しながら、遊びの幅を広げていくことが大切です。「幼児文化教材の三機能」を媒体として、子どもと保育者の間に温かい愛情と信頼関係、そして親密な関係が生まれます。保育者は子どもにとって保護者に代わる養育者でもあるため、子どもの情緒が不安定な時には、最も適切な教材を提供することが必要なのです。

一方、子どもが保育者の行動を「模倣」することは、子ども自身を成長の方向へと導きます（写真14-1、14-2）。保育者の姿が身近な「お手本」となり、社会で生きていくために必要な行動様式を学んでいくのです。

保育者は、子どもが模倣しやすく、「保育の三機能」（興味性・幼児性・教育性）を満足するような保育行為・保育活動を意識し、それを支援する幼児文化教材を提示することが必要です。

写真14-1　１歳児クラス（自由あそび）。「へい！いらっしゃい！」（庵原 天ちゃん）

写真14-2　１歳児「よしよし…泣かないでね」

子どもにとって、保育者は社会の窓口です。挨拶や言葉使いは保育者を通して覚えることです。逆に言えば、子どもは保育者の鏡となります。子どもは保育者の模倣・真似をするため、クラスの子どもを見ていれば、保育者がどのような人なのかが、子どもを通して見えるともいえます。子どもの言葉使いが悪いからと叱っても、始まりません。もしかしたら保育者の言動自体に問題があり、保育者自身の姿なのかもしれないからです。大切なことは、日常的に保育者が正しい見本や良いモデル（ベスト・プラクティス）を示すことです。子どもは保育者をよく見ていること（模倣）を忘れてはいけませんね。

以上をふまえて、躾や基本的生活習慣は、学ぶより「まねぶ」、つまり「真似・まね」をしながら身につけるものです。暗記したり、その場かぎりの装いによって身につくものではなく、まねる（幼児期の模倣）ことにより一生の基礎をつくりあげるのです。これは、決してオーバーな言い方ではなく、基本的生活習慣は「生き方」そのものであり、子どもにとって「まねる」相手といえば、一番身近な先生「保育者」になります。基本的生活習慣は「すぐつく」「よくつく」というわけにはいきません。まねをすることをベースにゆっくり、じっくりと身に備わっていくものです。管理（指示・命令・禁止・説明）しても、子どもには決してよい結果は得られません。保育者との信頼関係の間で多くのふれあいを通して発達に沿った基本的生活習慣（食事・睡眠・排泄・着衣着脱・清潔）を身につけることを願いたいものです。

3）保育に自信をもつことで保育の質と保育活動は活性化される

幼い子どもにも、一人ひとり個性があります。たとえば、双子のように同じ日に生まれ同じように育っても、違う個性が芽生えていきます。したがって、子どもが育っていくうえで必要としている要素、心と体の養分はそれぞれ異なります。それなのに保育者の価値観を一方的に押しつけようとするところに問題が生じてきます。

保育者は、子どもが今一番必要としていることは何かを理解して、それに応えるようにすべきです。子ども自身が必要としていないのにも関わらず、「よかれ」と思っていろいろなものを与えていくことは、「過剰支援」であり、むしろ逆効果です。大切なことは、日常生活のなかでたえず子どもを観察し、求められるものには応じてあげることです。それは、特別なことをするのではなく、花壇の花に水をあげるように、成長しようという力を手助けすることを意味します。こうして子どもの心の芽が伸びて葉をつけ、花が咲く様子が見えてくれば、保育者の保育活動・保育行為はとても楽しくなります。自信をもつと保育は活性化していきますね。

保育に自信をもつための 5 つのチェックポイント

① 無条件に愛してあげる（過剰支援はNG）

何かを上手にしたら褒めてあげる、これができれば何かをプレゼントするというように、交換条件を持ち出して子どもをかわいがる（過剰支援）のではなく、常に愛してあげることが大切です。

② ありのままの姿を受け入れる（受容と傾聴）

子どもが寂しがっているとき、怒っているときなど、その時々の感情をそのまま受け止めることが大切です。子どもはありのままの姿を保育者に見せることで、安心して次の行動に移すことができます。

③ 子どもの人格を認めてあげる（基本的人権の尊重）

「小さいからできないよね。先生がやってあげる」と子どもがすることに手を貸し、手伝ってあげることも逆効果です。子どもを一人の人間として認め、その人格を尊重する保育者の姿勢が、子どもの自発性と意欲を育てます。

④ 保育者が常にはつらつとしている（爽やかな保育者）

保育者が保護者や園長先生に言われたことでくよくよしていると、子どもも安心できません。保育者自身に悩みがあるときには、同僚や主任保育者など、周囲の信頼できる人に相談して、自分の悩みを解消し問題解決することが大切です。

⑤ 子どもと一緒に成長する（報告・連絡・相談）

子どもが成長するにつれ、保育者から子どもへの要求も多くなり、同時に保育者に対する子どもの要求も複雑になります。これらを受け止めるには保護者との連携、報告・連絡・相談を充実させ、保育者が一人で背負い込まず、保育が重荷にならないように、周りの環境を活かし、保育者自身も成長することを心がけることです。

4）正しいマナーを身につけるには支援・援助の毎日の積み重ねが大切

❶ 言葉づかい

「お水」「ブロック」・・子どもが王様のように先生に命令していませんか。そんな時はすぐ対応するのではなく、「お水がなあに」「お水をくださいでしょ」などとその場で言葉づかいを直してあげましょう。先生自身が真似されてもよい言葉づかいをしましょう。

❷ 食事

食事のマナーにはいろいろありますが、これもやはり折に触れ、その食事の最中に教えていく必要があります。たとえば犬喰いといって、お茶碗やお皿を持たずに犬のようにバクバク食べる幼児もいます。この場合は、その場で優しく丁寧に何がおかしいかを伝えましょう。食事のマナーは変な癖がつくと、矯正するのに時間がかかります。早い時期からマナーを身につけていれば、あとで苦労することは少ないでしょう。

5）地域・行政と関わる環境（事例：幼保連携型認定こども園和泉愛児園）

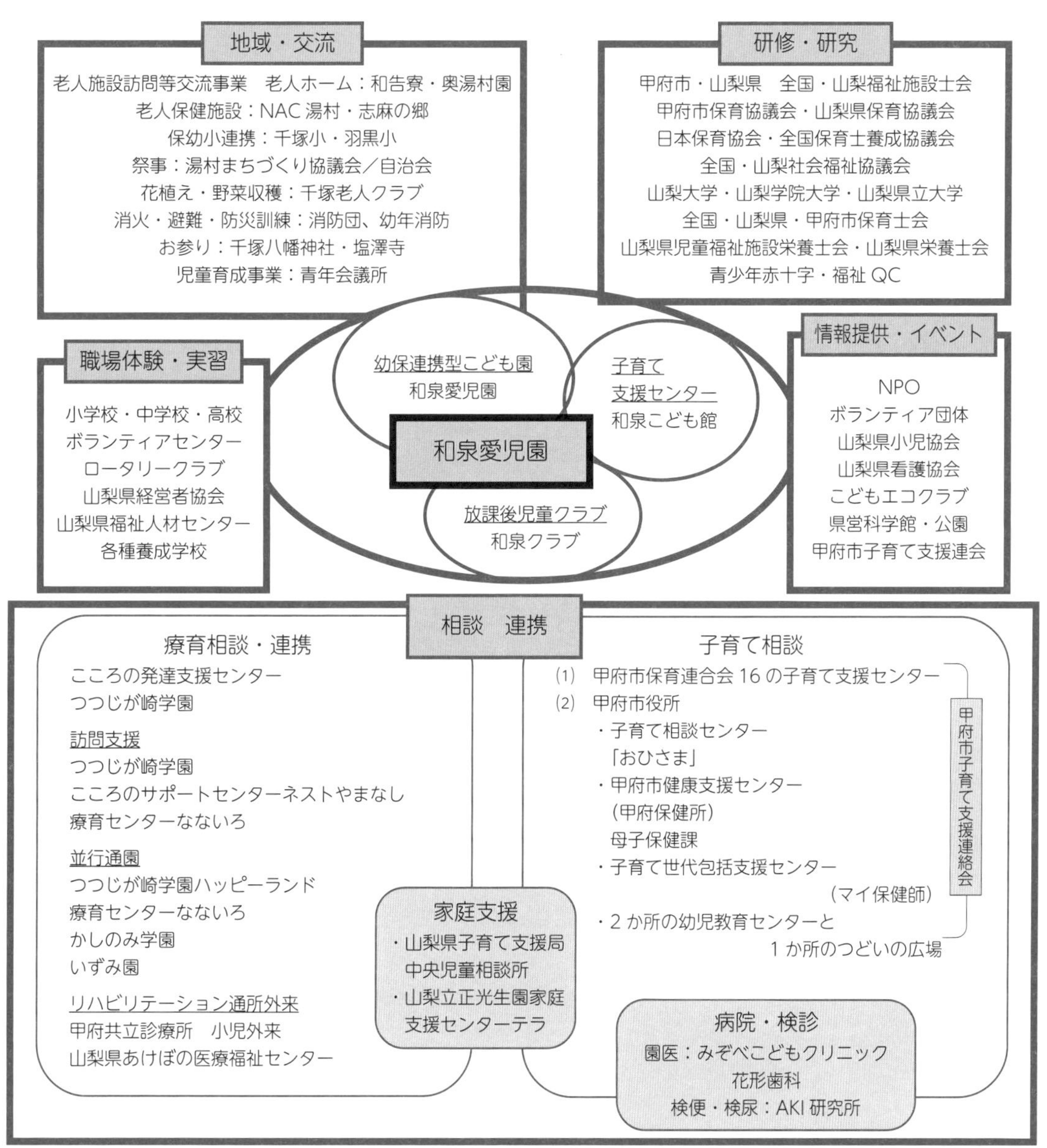

図14-4　連携機関一覧

第 14 章　保育者の環境

2 事例

事例・演習問題

事例1 未満児クラスの離乳食会体験保護者支援

月例別保育形態に関する事例―― 一人ひとりを大切にした保育和泉愛児園

・園の離乳食を実際にどのようなものをどのように食べているのか離乳食試食会の実践

・一人ひとりの子どもの生活リズムが保証できるように、部屋で配膳を行います。今日の体調や気持ち（子どもの様子）なども配慮します。

・配膳は、子どもの名前の付いたトレイに個別配膳を行い、間違いのないように食事を実施します。

写真14-3

写真14-4

和泉愛児園の離乳食試食会の様子（0歳児）

事例 2　和泉愛児園保育者研修会の実施

保育者は日常の保育だけをすればよいのではなく、保育者としての質を高めるため、保育を活性化するためにも、時折研修会に参加して、学習したことを保育活動に加えていくことが大切です。

写真14-5

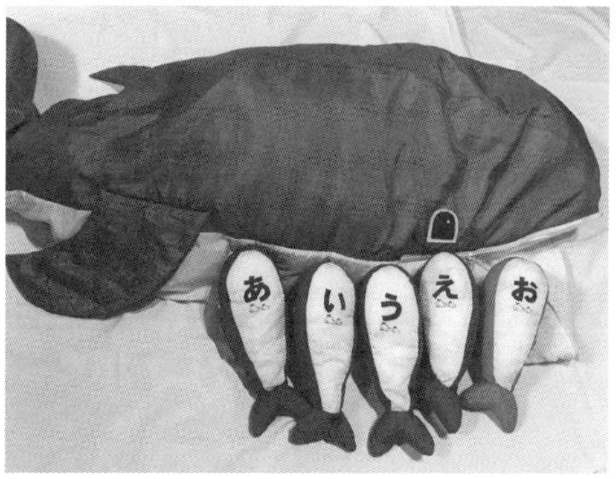

写真14-6

研修会に使用した「くじら」教材

写真14-7　園内研究会の様子

研修時間帯：保育者は１部２部としての保育交代制での実施(土曜日AM)

会場：園内にある建物児童クラブ「あいあい館」

研修内容：「保育の質と組織活性化とは何か」

講師：駒井美智子（常葉大学保育学部保育学科）

演習問題

2体のパペット（保育教材、写真14-8）をどのように保育で活用しますか？

ヒント）幼児文化教材の三機能を活用しましょう（興味性・幼児性・教育性）。
時期や対象年齢を考えながら保育場面を想像してみましょう。

写真14-8　2体のパペット

参考文献

◆ 咲間まり子『保育原理』大学図書出版，2012年
◆ 駒井美智子『発達段階をふまえた乳幼児との会話法32』黎明書房，2018年
◆ 駒井美智子編『保育者をめざす人の保育内容「言葉」』みらい社，2018年
◆ 駒井美智子・関根久美・山本智子編著『乳児保育』大学図書出版，2018年
◆ 駒井美智子・根津美智子『つくってあそぼ！』大学図書出版，1999年
◆ 日本保育協会監、駒井美智子『園生活が充実する「すきま遊び」』中央法規出版，2018年
◆ 横山文樹・駒井美智子編著『保育を学ぶシリーズ② 保育内容総論』大学図書出版，2018年

コラム

ホットドッグの名前の由来

このユーモラスな名前の由来はいくつかの説があります。ドッグレースが開かれたときに食べながら見られるようにと考案されたから。締木信太郎氏の著「パンの百科」によるとアメリカのホットドッグはソーセージを熱い鉄板の上で転がして食べることから始まりました。しかし、そのままではとてもソーセージが熱いので、ソーセージの長さに合わせたロールパンにはさんで食べることにした人の愛犬の胴が長かったので、ドッグの名を付けたそうです。

あれこれ推理していくとさまざまに考えられますが、ホットドッグは今でも愛されている食べ物です。皆さんはどのように推理しますか。

巻きずしに入っている桜でんぶ（おぼろ）は何からつくられているの？

お寿司に入っている桜でんぶは、おぼろともいわれていますが、実は魚の鱈（タラ）からつくられています。つくり方は生鱈（タラ）を熱湯に入れ茹で、皮をとってから身をバラバラにほぐします。砂糖と食紅少々を水でといたものをまぶします。これで出来上がりです。日本の伝統の食材とつくり方を伝承していきましょう。

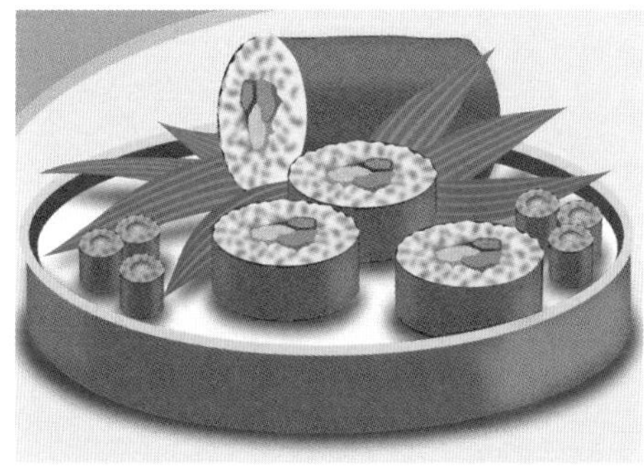

まとめの演習

皆さんが勉強してきたことを踏まえて、まとめの演習では、保育室全体の環境を考えます。
第１章から第14章まで環境について学んできて、どのような保育環境をつくりたいですか？

① あなたが実習に通った園などの保育室を、下に描いてみてください。どの学年・クラスでもかまいません。また、園の種別は問いません。

② ①で描いた保育室の環境について、あなたが感じた特徴（物的、人的環境等）とその理由を３つ挙げてください。

1   2   3

③ ①②について、グループ内で発表し合ってみましょう。ほかの学生の発表を聞いたり、自分の発表について出た意見などをもとに、①の保育室の環境の改善案を３つ挙げてみましょう。

1   2   3

④　あなたがつくりたい幼稚園や保育所等・保育室を下に描いてみましょう。

索引

た〜と

な〜の

は〜ほ

ま〜も

や〜よ

ら〜ろ

執筆者一覧

編著者

駒井美智子（こまい・みちこ）
常葉大学教授

横山文樹（よこやま・ふみき）
東京未来大学特任教授・若竹幼稚園副園長

執筆者

横山文樹（よこやま・ふみき）‥‥‥‥‥‥‥‥‥‥第1章・第8章
（前掲）

佐々木由美子（ささき・ゆみこ）‥‥‥‥‥‥‥‥‥第2章
東京未来大学教授

石丸るみ（いしまる・るみ）‥‥‥‥‥‥‥‥‥‥‥‥第3章
東京保育専門学校専任教員
大阪総合保育大学非常勤講師

川﨑理香（かわさき・りか）‥‥‥‥‥‥‥‥‥‥‥‥第4章・第5章
昭和女子大学現代教育研究所研究員

宮﨑静香（みやざき・しずか）‥‥‥‥‥‥‥‥‥‥第6章・第7章
浦和大学講師

鈴木法子（すずき・のりこ）‥‥‥‥‥‥‥‥‥‥‥‥第9章・第10章
昭和女子大学准教授

寒河江芳枝（さがえ・よしえ）‥‥‥‥‥‥‥‥‥‥第11章
東京未来大学非常勤講師

小林保子（こばやし・やすこ）‥‥‥‥‥‥‥‥‥‥第12章
鎌倉女子大学教授

黒米聖（くろごめ・ひじり）‥‥‥‥‥‥‥‥‥‥‥‥第13章
戸田公園すきっぷ保育園園長

駒井美智子（こまい・みちこ）‥‥‥‥‥‥‥‥‥‥第14章
（前掲）

（2021年2月10日現在）

事例と演習でよくわかる
保育内容「環境」

2021年２月10日　発行

編著者　駒井美智子・横山文樹
発行者　荘村明彦
発行所　中央法規出版株式会社
〒110-0016　東京都台東区台東3-29-1　中央法規ビル
営　業　Tel 03 (3834) 5817　Fax 03 (3837) 8037
取次・書店担当　Tel 03 (3834) 5815　Fax 03 (3837) 8035
https://www.chuohoki.co.jp/

印刷・製本　長野印刷商工株式会社
装丁・本文デザイン　澤田かおり（トシキ・ファーブル）
装丁イラスト　安藤智
本文イラスト　嘉戸亨二

定価はカバーに表示してあります。
ISBN978-4-8058-8277-1

本書の内容に関するご質問については、下記URLから「お問い合わせフォーム」にご入力いただきますようお願いいたします。
https://www.chuohoki.co.jp/contact/